»Die Natur braucht sich nicht anzustrengen, bedeutend zu sein. Sie ist es.«

(Robert Walser, 1878–1956)

Von ihrem Wohnort München aus ist es nur ein Katzensprung ins Allgäu, so ist die Autorin ***Daniela Schetar-Köthe*** *nicht nur zur Recherche ganz regelmäßig und sehr gern dort unterwegs.*

Privat und beruflich ein Team: ***Sylvia Pollex und Thomas Rötting*** *zeichnen für die Fotografie in diesem Band verantwortlich. Zusammen mit ihren Kindern und Freunden haben sie das Allgäu bereist.*

Liebe Leserinnen, liebe Leser!

Das Schönste am Allgäu? – Für Sylvia Pollex keine Frage, die Badeseen. Daher hätte unser Fotografenteam Thomas Rötting und Sylvia Pollex auch am liebsten einen hübschen See auf dem Cover platziert. Ohne Frage sind im Allgäu tolle Seen zu entdecken, liebstes Wasserziel unseres Fotografenpaares ist übrigens der im Wald versteckte Alatsee bei Pfronten. In dem kristallklaren See ist im Sommer der Sprung ins kühle Nass eine herrliche Erfrischung. Wir haben uns dann doch für ein anderes Titelmotiv entschieden, aber immerhin sieht man auch auf diesem Bild im Hintergrund einen See, nämlich den Seealpsee, der auf ca. 1700 m Höhe, hoch über dem Oytal liegt. Ihn erreicht man nur im Rahmen einer Wanderung …

Über grüne Wiesen und durchs Hochgebirge

Apropos Wandern, für mich sind Bergtouren das wahre Highlight im Allgäu. Dort ist für jeden Wandergeschmack etwas dabei. Man kann genussvoll über blühende Bergwiesen wandeln, auf gut angelegten Wegen unterwegs sein oder auch auf schmalen Pfaden durchs Hochgebirge kraxeln. Ganz nach Lust und Laune und natürlich Kondition. Falls Sie gar nicht genug bekommen können von Touren in herrlicher Bergwelt, so sei Ihnen die Wandertrilogie empfohlen, drei grandiose Fernwanderwege, die alle Schönheiten des Allgäus streifen (S. 124). Wer schöne Aussichten ganz bequem erleben möchte, dem empfehle ich den Skywalk bei Scheidegg mit Panoramablicken auf Alpen und Bodensee (S. 117).

Märchenschlösser contra Natur

Aber natürlich punktet das Allgäu nicht nur mit grandioser Natur. Bis Anfang des 19. Jh.s regierten in der Region rund 150 geistliche und weltliche Herren. Sie hinterließen eindrucksvolle Kirchen, Klöster und Residenzen. Und dann sind da natürlich noch die Traumschlösser bei Füssen. Rund 1,5 Mio. Besucher sind Jahr für Jahr im Schloss Neuschwanstein, dem Märchenschloss Ludwigs II. (für viele Bayern kurz der »Kini«), zu verzeichnen. Es steht im Ausland wie kein anderes Bauwerk für Deutschland schlechthin. Alle weiteren Highlights haben wir auf S. 6/7 in der Rubrik Topziele für Sie zusammengefasst.

Herzlich

Ihre

Birgit Borowski

Birgit Borowski
Programmleiterin DuMont Bildatlas

82 So stellt man sich Good Old Europe vor: Neuschwanstein lässt nicht nur chinesische Sonnenbrillen glänzen.

Impressionen

Nördliches Oberallgäu

Südliches Oberallgäu

36 Vor knapp 200 Jahren wurde im Allgäu der erste „Schweizer Käse“ hergestellt – mit durchschlagendem Erfolg.

44 Wandern wird im Allgäu großgeschrieben – nicht nur oberhalb des Stillachtals bei Oberstdorf.

Unterallgäu

UNSERE FAVORITEN

BEST OF ...

66 Barocke Schätze und Schätzchen sind über das gesamte Allgäu verteilt, doch speziell die Klosterbibliothek in Ottobeuren nimmt Besuchern mit ihrer gestalterischen Geschlossenheit fast den Atem.

Anhang

Ostallgäu

Westallgäu

DuMont Aktiv

Genießen Erleben Erfahren

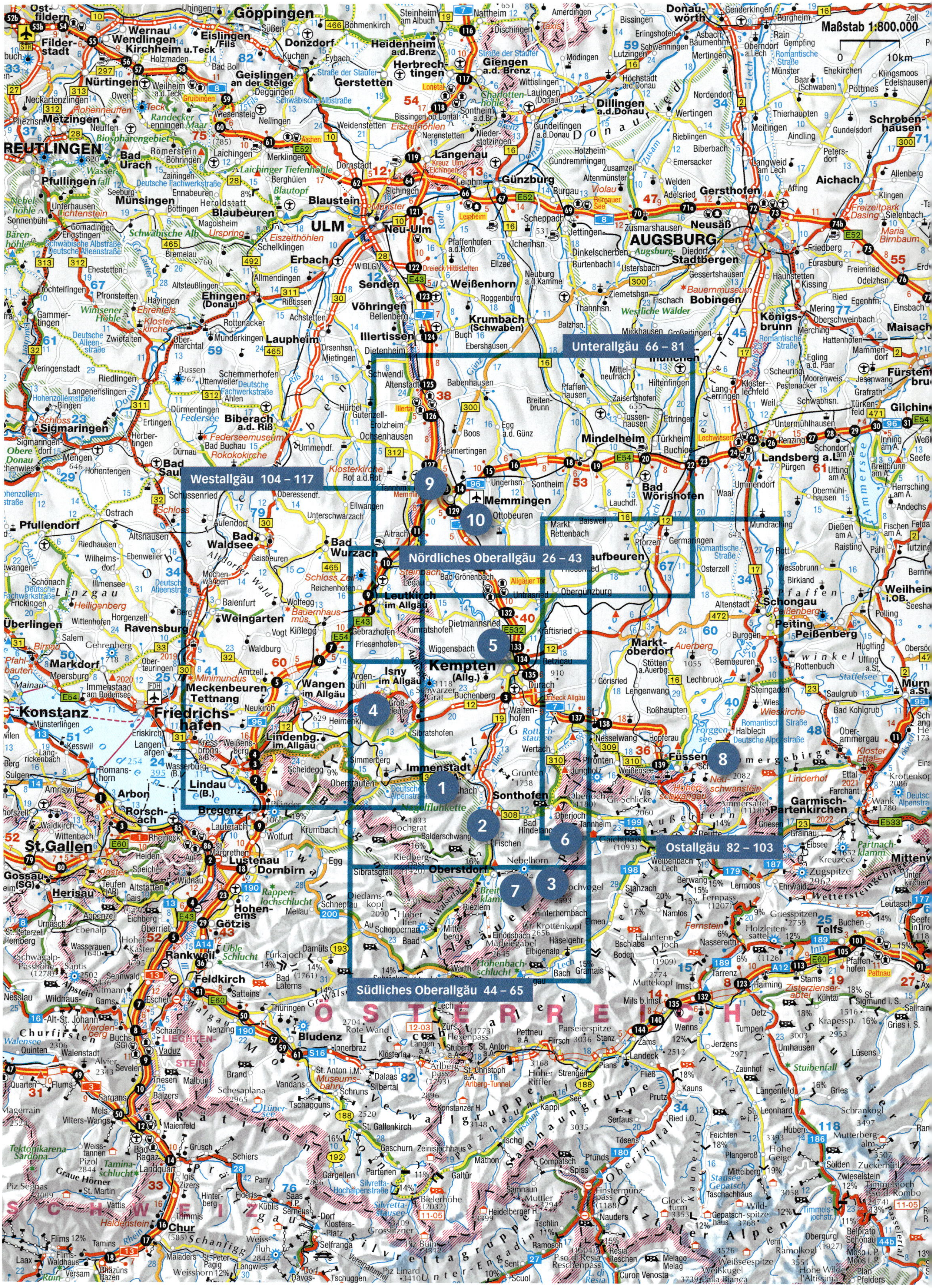

Maßstab 1:800.000
0
10km
Unterallgäu 66 – 81
Westallgäu 104 – 117
Nördliches Oberallgäu 26 – 43
Ostallgäu 82 – 103
Südliches Oberallgäu 44 – 65
1
2
3
4
5
6
7
8
9
10
Göppingen
Reutlingen
Ulm
Augsburg
Memmingen
Kempten (Allg.)
Konstanz
Friedrichshafen
Lindau (B.)
Bregenz
St. Gallen
Immenstadt
Sonthofen
Oberstdorf
Füssen
Kaufbeuren
Mindelheim
Bad Wörishofen
Landsberg a. Lech
Schongau
Garmisch-Partenkirchen
Bludenz
Feldkirch
Chur
Sigmaringen
Biberach a.d. Riß
Ravensburg
Leutkirch im Allgäu
Isny im Allgäu
Wangen im Allgäu
Marktoberdorf
Ö S T E R R E I C H
S C H W E I Z

Topziele

Die bedeutendsten Sehenswürdigkeiten des Allgäus und Erlebnisse, die Sie keinesfalls versäumen sollten, haben wir hier für Sie zusammengestellt. Auf den Infoseiten sind diese Highlights jeweils als **TOPZIEL** *gekennzeichnet.*

NATUR

ERLEBEN

KULTUR

Steiler Zahn

Es müssen nicht immer die höchsten Gipfel der Allgäuer Alpen sein. Da genügt schon eine gemütliche Rundwanderung von der Station Höfatsblick (1932 m) der Nebelhornbahn, und man findet sich plötzlich zwischen bizarren grasbewachsenen Felszacken in einer Fantasy-Landschaft wieder. Womöglich auf dem Schwanz eines schlafenden Drachen?

Das Vermächtnis des Kini

Yat yi saam – eins, zwei, drei – sagen Chinesen in die Kamera für ein fototaugliches Lächeln. Die beiden Touristinnen bringt der Blick von der Marienbrücke auf das Märchenschloss Ludwigs II. jedoch auch völlig ohne Hilfsmittel zum Strahlen! Neuschwanstein ist das Allgäuer Highlight Nummer eins. Hätte das bayerische Kabinett damals geahnt, wie viel Geld es damit verdienen kann – es hätte den König viele weitere Schlösser bauen lassen.

TVPATRIAMETPROCEREISCONSERVAINFOEDEREIOVA.

Schaulaufen der Häusergiebel

So wie sich am Memminger Marktplatz die schön verzierten Fassaden aneinanderreihen, mit Renaissance- und Barockgiebeln prunken und den eleganten Brunnen rahmen – so stellt man sich die typische Allgäuer Altstadt vor: ein bisschen repräsentativ, aber nicht aufschneiderisch; ein bisschen behäbig aber nicht bieder. Auch der gemütliche Dialekt tut das Seine, dass Fremde sich schnell heimisch fühlen.

Genuss unter Linden

Ob feine Allgäuer Küche, wie hier im Gasthof Obere Mühle in Bad Hindelang, oder eine rustikale Brotzeit mit Käse und selbst gebackenem Brot auf einer der vielen Alpen – das Allgäu ist Genussregion, und das nicht nur wegen seiner berühmten Kässpatzen. Wahrscheinlich hat der liebe Gott die Allgäuer Berge allein wegen der verführerischen Küche hingestellt. Zum Abtrainieren überschüssiger Kalorien.

Gipfelsturm mit solidem Fundament

Für den Aufstieg vom Stillachtal bei Oberstdorf über die Enzianhütte zur Rappenseehütte werden Wanderer mit herrlichen Panoramen belohnt. Eine Stunde und 300 Höhenmeter mögen sich kinderleicht anhören, doch Vorsicht! Etliche Allgäuer Wanderwege – auch dieser hier – scheinen auf die erste Beschreibung harmloser, als sie sind. Trittsicherheit und Schwindelfreiheit sind oft Voraussetzung, solide Wanderausrüstung sowieso.

Frei wie ein Vogel

Das Gleitschirmfliegen gehört zu den Bergsportarten, die die Natur am wenigsten stören oder belasten. Im Allgäu bieten sich viele Aussichtsberge, wie hier der Tegelberg bei Füssen, als Startrampe für zeitweilige Könige der Lüfte an. Manche nehmen auch Passagiere mit und ermöglichen ihnen dieses einzigartige Erlebnis des Schwebens und Gleitens über Felswände, Almen, Wälder, Seen und Puppenstubendörfer.

Willkommen zum Alpenhandy-Festival!

Wenn sich Alphornbläser aus allen Teilen der Alpen im Kleinwalsertal zum Fest treffen, gilt es, die großen Instrumente möglichst unfallfrei zum Aufführungsort zu transportieren. Was heute aussieht wie ein spleeniger Brauch, ermöglichte jahrhundertelang die Kommunikation zwischen Almen und Hirten. Heutzutage bieten sich dafür Mobiltelefone an – doch deren Gepiepse klingt längst nicht so schön, wie der wohlig-warme Ton eines Fichtenhorns.

Weisheit aus dem Kloster

Nach umfangreicher Renovierung erstrahlt die Bibliothek der Benediktinerabtei Ottobeuren in frischem Glanz. Beim Neubau des Klosters im 18. Jahrhundert schuf Johann Baptist Zimmermann anstelle des bisherigen schlichten Scriptoriums dieses die Wissenschaften feiernde Gesamtkunstwerk aus Stuck, Gold und Putten. Doch die Hauptrolle spielen die Bücher: Über 15 000 fein säuberlich in Schweinsleder gebundene Werke sind hier aufgereiht.

NIVERSALIA
SCRIPTURA
Sacra
P

Die originellsten Schmankerl

Allgäuer Küche einmal anders

Kässpatzen und Krautkrapfen sind lecker, aber Allgäuer Küche kann auch anders. Das beweisen kreative Köchinnen und Köche mit viel Freude am Experiment und an der Inszenierung. Ob auf der Alp oder im Sternerestaurant, im Gasthof oder auf dem Wochenmarkt: Es riecht und schmeckt nach Neuem!

1 Kuchen ohne Reue

Bei aller Liebe zur Allgäuer Küche und besonders zu deren Mehlspeisen – wer unter Glutenunverträglichkeit leidet, wird damit nicht froh. Es sei denn, er hat Scheidegg im Westallgäu als Standort gewählt. Dort warten in einem behäbigen historischen Haus glutenfreie Backwaren und Torten auf den geplagten Allergiker. Und das in schnuckeligen, mit viel Liebe eingerichteten Räumen und einem bezaubernden Blumengarten.

Café Margit & Fehl, Mi.–So. 13.00–18.00 Uhr, Pfarrweg 2, 88175 Scheidegg, Tel. 08381 8 91 61 99, www.margitundfehl.de

2 Ziegenkäse von der Alp

Die Senner auf der Demeter-Alpe Sonnhalde nehmen nicht nur Schumpen (Jungrinder) und Hinterwälder (eine seltene Hausrindart) mit auf die Alp, sondern auch Ziegen, Hühner und Schweine. Die Ziegenmilch verwandeln sie in aromatischen Käse, und den wiederum serviert der Hüttenwirt gebacken und fein gewürzt mit frischen Kräutern. Ein Genuss, der *bachana Goißakäs*, den Wanderer nach einer knapp einstündigen, leichten Tour ab dem Parkplatz Buchenegger Wasserfälle kosten können.

Alpe Sonnhalde, April–Okt., Mittelbachtal, 87534 Oberstaufen, www.alpe-sonnhalde.de

3 Auf die Füllung kommt's an

Eine echte Allgäuer Spezialität sind die Teigtaschen nicht, aber nachdem alle Nachbarn sie auf ihre Art zubereiten und sie dann Schlutzkrapfen (Tirol), Ravioli (Italien), Cjalsons (Friaul) oder Maultaschen (Schwaben) nennen, liegt es nahe, sie zu verallgäuern. Im Landhaus Krone füllt man die Schlutzkrapfen folgerichtig nicht mit Fleisch, sondern mit würzigem Allgäuer Bierkäse.

Naturlandhaus Krone, Mo.–Sa. 17.30–21.00, So. 11.30–14.00 Uhr, Kirchweg 2, 88167 Maierhöfen, Tel. 08383 2 54, www.naturlandhaus-krone.de

4 Meister des Crossover

Bei Constantin Kiene begegnen sich das Allgäu und die große weite Welt im Kulinarischen und schaffen so etwas ganz Neues, etwa ein feines Carpaccio mit Rauke aus dem Wirtsgarten und Bergkäse von der Alp. So ist Kiehnes Freistil ein Ort der Entdeckungen. Den heimatlichen Gunzesrieder Saibling zum Beispiel bettet er gern auf indische rote Linsen. *Griaß di! Namaste!*

Restaurant Freistil, Mo.–Mi., Fr., Sa. 12.00 bis 14.30, 18.30–21.00 Uhr, Schweineberg 20, 87527 Ofterschwang, Tel. 08321 70 71, http://kiehnes-freistil.de

5 Da fetzt es ...

... nicht nur im Namen; das Oberstdorfer Fetzwerk hat's in sich. Besser gesagt: Die Miniweckgläser haben es in sich, in denen beliebte Alpengerichte (und Leckeres aus anderen Regionen) so hübsch angerichtet sind, dass man sich daran nicht sattsehen kann. Schon mal eine „Käswürfelei" probiert (Kässpatzen einmal anders)? Oder ein „Froschauge", bei dem sich heimische Lachsforelle und Frischkäse zu einem innigen Stelldichein mit Dill und Apfel verabredet haben? Diese und eine Vielzahl anderer „Fast Slow Food"-Leckereien von Sternekoch Tobias Eisele gibt es, wie gesagt, alle im Glas.

Das Fetzwerk, tgl. 12.00 bis 24.00 Uhr, Freibergstr. 21, 87561 Oberstdorf, Tel. 08322 9 67 80, www.das-fetzwerk.de

6 Sushi à la Allgäu

Womit rollt man Sushi im Allgäu? Das fragte sich der Kochtüftler Thomas Lerch von der Meckatzer Sportalp lange, dabei wuchs des Rätsels Lösung auf den Feldern vor der Haustür: Gerste. Graupen lassen sich ebensogut verarbeiten wie Reis, und gefüllt wird das Allgäu-Sushi mit Lachsforelle, Rauchfleisch, Blutwurst oder Ziegenfrischkäse. Weil die Zubereitung sehr aufwendig ist, gibt es das nur auf Vorbestellung. Lohnt sich aber!

Meckatzer Sportalp, Mi., Do. 14.00–20.30, Fr., So. ab 11.00 Uhr, Paßstr. 46, 87541 Bad Hindelang, Tel. 08324 9 33 33 33, www.meckatzer-sportalp.com

7 Aus der Hand statt auf der Alp

Kässpatzen to go? Christine und Marcel Altstetter haben sich das ausgedacht und erfreuen damit auf dem Kemptener Wochenmarkt eine stetig wachsende Fangemeinde. Das „Kässpatzenmobil", ein alter Citroën-Kleinbus, in dem die beiden mit fleißigen Helfern Spätzle hobeln und Zwiebeln rösten, ist stets dicht umlagert, denn hier wird tatsächlich alles frisch zubereitet. Einen Versuch ist es unbedingt wert!

Kässpatzenstand auf dem Kemptener Wochenmarkt, Mi., Sa. 8.00–13.00 Uhr, Hildegardplatz, im Winter in der Markthalle am Königsplatz, 87435 Kempten, www.allgaeuer-partyservice.de

8 Die Veggiehütte

Dass sie bei der Silli keine Fleischberge vorgesetzt bekommen, sondern vegetarische Gerichte in Allgäuer Tradition, das wissen die meisten Wanderer, die auf der Hündeleskopfhütte einkehren. Die beliebten Krautkrapfen schmecken bei Silvia Beyer auch ohne den sonst üblichen Speck, nur mit Sauerkrautfüllung, herzhaft und deftig, ebenso wie die rustikalen Brote mit veganem Aufstrich und buntem Gemüse. V ist das neue F, zumindest bei der Silli.

Hündeleskopfhütte, Mi., Do. 11.00–21.00, Fr.–So. bis 18.00 Uhr, 87459 Pfronten-Kappel, Tel. 0160 90 11 34 31, https://huendeleskopfhuette.de

9 Waidmanns Fleischküchle

Allgäukommissar Kluftinger mag es gar nicht, wenn man die Allgäuer Fleischküchle mit Fremdnamen wie Frikadellen bezeichnet. Auf der Schlossanger Alp stehen sie als Fleischpflanzerl auf der Speisekarte – und auch nicht, wie üblich, aus Rind und Schwein, sondern „vom Rehbock", was ungemein fein schmeckt. Womit wir bei der Jagd wären, die zur Hege der Landschaft notwendig ist. Wer das anders sieht, weicht einfach auf die Pfifferlinggnocchi mit Allgäuer Bergkäse aus.

Schlossanger Alp, tgl. 12.00 bis 14.00, 18.30–21.00 Uhr, Am Schlossanger 1, 87459 Pfronten, Tel. 08363 91 45 50, www.schlossanger.de

10 Die Einkocherinnen

Wenn Chutneys so charmant daherkommen wie bei Sell-gmacht's, sieht man gern über das neudeutsche Modewort hinweg und freut sich, dass sich die beiden Allgäuerinnen Christine Mühle und Katja Will beim Einkochen von Gemüse, Obst und Kräutern (fast) genau an die Rezepte ihrer Großmütter halten. Biozertifiziert sind ihre Produkte zudem. Na denn: *Probieret's üs und lond's eich schmecke!*

'Sell-gmachts" gibt es in über hundert Geschäften im Allgäu und weit darüber hinaus oder online: www.sell-gmachts.de

Drogerie
Mart. Zorn
brillen neubauer

Italianità auf Allgäuerisch

Braunvieh auf der Weide und behäbige Höfe suggerieren ein bayerisch-schwäbisches Bauernlandidyll. Die schroffen Gipfel der Allgäuer Hochalpen scheinen weit weg. Doch nicht überall gibt sich das nördliche Oberallgäu beschaulich. Über Kemptens Altstadt und der hochbarocken Residenz der Fürstäbte schwebt eine quirlige, fast südländische Stimmung.

Zahlreiche Cafés und Restaurants laden in Kemptens Altstadt zum Verweilen ein.

Abends trifft man sich in Kempten in den Gassen rund um den Rathausplatz.

Der Blick auf die Renaissancefassade des Rathauses ist eines Canaletto würdig.

Entspannte Straßencafés besetzen jeden Quadratmeter der Kemptener Fußgängerzone. Die Terrasse der Trattoria „Piazza Italiana" rahmen sogar Olivenbäumchen, und der Blick auf die Renaissancefassade des Rathauses ist eines Canaletto würdig. Auch an der Iller ist das Dolcefarniente ausgebrochen, seit die Wasserwerke Memmingen dem Dach des kleinen Restwasserkraftwerks die lässige „Hamptons"-Lounge spendiert haben. Mit einem Spritz unterm Strohschirm in den Kemptener Sonnenuntergang zu träumen und zu wissen, dass da unten korrekter Ökostrom entsteht, das hat schon was.

Kunst gegen Kirche

Ganz so friedlich geht es nicht immer zu in Kempten. Der Skandal um das 43 Quadratmeter große Wandbild im Foyer des Landgerichts in der ehemaligen Residenz spaltete Anfang der 1990er-Jahre gar die Stadt. Als Justizbehörden und Bauamt das Monumentalgemälde zur Geschichte des Stifts Kempten und der fürstäbtlichen Residenz 1989 bei Josef Löflath (1915–2003) in Auftrag gaben, ahnten sie nichts Böses. Doch der Kemptener Maler, schon immer ein unbequemer Geist, nutzte die Gelegenheit zur schonungslosen Abrechnung mit der katholischen Kirche. Mit sicherem Pinselstrich ließ er Fürstäbte das Volk auspressen, Hexen brennen und – Gipfel des Anstößigen – eine barbusige Hure mit päpstlicher Tiara auf einem Schwein galoppieren. Das Gemälde war bald bundesweit in aller Munde; empörte Volkshände kratzten gar die nackten Brüste weg. Doch Löflath beharrte. Seiner Ansicht nach hatte das Verhältnis von Klerus und Bürgern jahrhundertelang genau so ausgesehen.

Die da oben, die da unten

Grün waren sich Fürstäbte und Bürger tatsächlich nicht gerade häufig. Die ab dem 12. Jahrhundert bezeugte Fürstabtei oben auf der Anhöhe hatte schier unumschränkte Macht. Mit der Ernennung zur Reichsstadt im 14. Jahrhundert schwoll die Brust der Bürgerlichen unten in der Illerschleife jedoch merklich an, und 1527 wurden sie – aus religiöser Überzeugung und vielleicht auch aus Widerspruchsgeist – zu Lutherischen. Man kann nur die Augen verschließen vor dem, was dann passierte. Im Dreißigjährigen Krieg machten die Schweden 1632 die Stiftsabtei dem Erdboden gleich, die Bürger Kemptens plünderten die Reste, und in der Folge kostete das eifrige Hauen und Stechen zwischen Katholiken und Protestanten mit emsiger Beteiligung des Schwarzen Todes Dreivier-

Seine schmucken Türmchen erhielt Kemptens Rathaus um 1565

Immer mittwochs und samstags ist Markt in Kempten (oben). Bis heute nicht unumstritten: Wandbild von Josef Löflath im Foyer des Landgerichts (unten).

Ein schöner Platz für den Sonnenuntergang: Hamptons Summer Bar an der Iller

Der historische Salzzug – hier bei Immenstadt – erinnert an die einstige Bedeutung des Rohstoffs für die Wirtschaft der Region (oben). Die politische und wirtschaftliche Macht der Kemptener Fürstäbte wird in den Prunkräumen der Residenz sichtbar (unten).

Auch von außen ein eindrucksvoller Bau: die Residenz in Kempten

Schon die Römer siedelten im Gebiet des heutigen Kempten: Archäologischer Park Cambodunum.

Special

Regionalkrimi

Inside Klufti

Eine fast schon unheimliche Erfolgsgeschichte steckt hinter Allgäukommissar Kluftinger: Zehn Bücher, fünf TV-Filme und das Autorenduo Klüpfel/Kobr, das von Kluftingers „Abenteuern" leben kann.

Und das alles mit einer Hauptfigur, die – sorry, liebe Kluftinger-Fans – im modernen Medienbetrieb eigentlich keine Katze hinterm Ofen hervorlocken dürfte. Aber Kluftinger tut's. Eher schlurfend als dynamisch und geprägt von einer tief verwurzelten Verweigerungshaltung gegenüber allem Neuen, löst der aus Altusried stammende und im Kemptener Polizeirevier tätige Hauptkommissar die komplexesten Mordfälle. So war es nur eine Frage der Zeit, dass er sich auch als touristische Marke etablierte. Klufti-Führungen besuchen in Altusried, Kempten und drum herum die Schauplätze der Erfolgsromane. Vor allem Altusried erweist sich als ergiebig, denn hier findet sich die ehemalige Polizeistation – Kluftingers Elternhaus, in dessen Keller der junge Klufti seiner ersten Leiche begegnet. Des Weiteren sein Wohnhaus (das Elternhaus von Autor Volker Klüpfel), das Milchwerk, in dem er in seinem ersten Fall ermittelt, und das Musikheim, in dem er regelmäßig mit dem dörflichen Blasorchester übt. Aktiv eingreifen und den Kluftinger-Fall selbst lösen dürfen Besucher des Kluftinger-Escape-Rooms in Kempten.

Kluftinger-Führung in Altusried

tel der Einwohner das Leben. Erst 1818 wurden Stiftsstadt und Reichsstadt zur Doppelstadt Kempten vereint. Deshalb konnte Deutschlands älteste schriftlich bezeugte Stadt – der griechische Historiker Strabo schrieb schon 18 n. Chr. über Kambodounon – 2018 erst ihr Zweihundertjähriges feiern, wo doch eigentlich die 2000-Jahr-Feier angestanden hätte. Das Jubiläum war übrigens auch Anlass zur Aussöhnung mit Löflaths Bild. Nur die Kratzer am Busen blieben.

Eine geheimnisvolle Frau

Ein Händchen für wagemutige Auftragsvergaben hatten „die da oben" – ob Justiz heute oder Klerus damals – offensichtlich schon immer. Die Chroniken des Fürstabts Roman Giel von Gielsberg, der nach dem Dreißigjährigen Krieg den Neubau von Stiftsresidenz und Kirche energisch vorantrieb und dokumentierte, nennen für die Ausführung der Stuckmarmorintarsien am Chorgestühl der Basilika St. Lorenz eine „Stuckhatorin". Wer sich dahinter verbirgt, war lange ein Rätsel, denn allein die Tatsache, dass im 17. Jahrhundert eine Frau mit einer so bedeutenden Aufgabe beauftragt worden sein soll, ist erstaunlich. Barbara Hackl, so die heutigen Forscher, gehörte wohl einer Kunsthandwerksdynastie an, die auch in der Münchner Residenz mit Scagliola-Arbeiten brillierte. Mit fast fernöstlich anmutenden Landschaftsszenerien und Schmuckmedaillons stellte „die Stuckhatorin“ in St. Lorenz nicht nur ihr Können nachdrücklich unter Beweis, sie setzte mit den ungewöhnlichen Motiven auch neue Maßstäbe in der Kirchengestaltung. Ob es deshalb zu Skandalen kam? Giel von Gielsberg hat dazu nichts niedergeschrieben.

Der Weg des Salzes

Salz war über Jahrhunderte ein bedeutendes Handelsgut, das Fuhrleute kreuz und quer durch Europa transportierten. Auch das Allgäu besaß zwei Salzstraßen. Den Transport des „weißen Goldes“ und aller anderen Waren regelten Rodordnungen, in denen die Tagesetappen der „Rodleute“ und die Niederlagsorte festgelegt waren. Auf einer dieser Etappen, von Immenstadt über Oberstaufen nach Simmerberg, ist im Sommer 2018

> Der Grat der Nagelfluhkette gleicht oftmals Messers Schneide.

wieder einmal eine erstaunliche Karawane unterwegs. Menschen in mittelalterlichem Gewand lenken mit Fässern beladene Pferdefuhrwerke entlang der Nagelfluhkette nach Westen. Seit 1995 lebt die Erinnerung an den Salzhandel im Historischen Salzzug auf. Alle zwei bis drei Jahre nehmen die Fuhrleute die Zügel ihrer Stellwagen in die Hand und haben dieselben Stationen zum Ziel wie ihre mittelalterlichen Vorgänger. Denn einige der teils aus dem 17. Jahrhundert stammenden Salzfaktoreien sind noch erhalten, etwa in Simmerberg.

Rätselhafte Symbole

Wichtigster Halt auf diesem Streckenabschnitt war die Kapelle St. Stephan in Genhofen – einerseits, weil die Rodleute hier Gottes Segen für den letzten steilen Anstieg vor Simmerberg erbaten, den gefährlichen Hahnschenkel. Ande-

Heuernte auf dem Ferienhof Burger bei Oberstaufen (ganz oben), Hütte und Viehtrieb auf der Alpe Gschwenderberg bei Immenstadt (oben und unten)

Die Nagelfluhkette gehört für Wanderer zum Schönsten, was das Allgäu zu bieten hat. Sanfte Wiesen wechseln mit steilen Felshängen. Auf die höchste Erhebung, den Hochgrat (1834 m), gelangt man mit einer nostalgischen Gondelbahn.

Groß ist die Auswahl an Blumen und Pflanzen beim Markt auf dem Marienplatz in Immenstadt. Neben Obst und Gemüse, Fleisch, Backwaren und Käse wird auch Honig direkt vom Erzeuger verkauft. Markttag ist der Samstag.

Den Großen Alpsee bei Immenstadt schätzen Segler wegen der ganz besonderen Windverhältnisse.

Mit einer Temperatur von bis zu 24 Grad ist er im Sommer aber auch ein Badeparadies.

Westlich von Immenstadt lockt der Große Alpsee im Sommer Wasserratten.

rerseits, weil der in Genhofen ansässige Hufschmied noch das eine oder andere Hufeisen befestigte, bevor es hinaufging. Die Hufeisen an der Sakristeitür des Kirchleins sind denn auch Votivgaben der heil und gesund heimkehrenden Fuhrleute.

Was an diesem Gotteshaus noch überrascht, ist die außergewöhnliche Ausmalung. Sogar Hakenkreuze, germanische Sonnenrunen also, vermeint man zwischen allerlei geheimnisvoll oder gar heidnisch anmutenden Graffiti zu erkennen. Der Kirchenführer hat dafür eine ganz banale Erklärung parat: Es handelt sich um das Hauszeichen des Schmieds, gekreuzte Wolfshaken, umgeben von Flammen.

In luftigen Höhen

Die Einheimischen nennen es Herrgottsbeton, die Geologen Nagelfluh. Gemeint ist das aus Kieseln, Ton und Mergel verbackene Gestein, aus dem sich der nördlichste Alpenriegel des Allgäus zusammensetzt – die Nagelfluhkette. Die Klippen sehen tatsächlich aus, als hätte jemand Nägel in Beton geschlagen, von denen nur noch die Köpfe zu sehen sind. Ihre charakteristische Rippenstruktur erhalten sie durch die Erosion weniger widerstandsfähiger Gesteinsschichten. Die Gebirgskette erreicht Höhen von gut 1800 Metern und wirkt mit ihren bergwaldbestandenen, von Hochmooren und Alpen geprägten Hängen auf den ersten Blick ganz und gar nicht wie ein anspruchsvolles Wanderrevier. Die Statistik zählt das Oberstaufener Gebirge zu den Bergzügen mit den meisten Alpen des Allgäus. Da gibt es eigentlich nur ein mögliches Fazit: Nettes Wandergebiet, aber einen echten Bergfex nicht fordernd.

Doch Achtung, Hochmut kommt vor dem Fall! Auf dem Höhenweg Luftiger Grat genügt es, über eine Baumwurzel zu stolpern, und ohne das dort angebrachte Sicherungsseil wär's das dann gewesen. Völlig harmlos ist das Vorgebirge der Nagelfluhkette also nicht; sein Grat von Gipfel zu Gipfel gleicht oftmals einem Alpinweg auf Messers Schneide. Über den Köpfen der Wanderer schlagen die Alpendohlen Kapriolen, darunter steckt Silberwurz vorwitzig seine Blüten aus Graspolstern, und auch Weißer Mauerpfeffer ist vertreten, Kinderstube der seltenen Apollofalter. Bei so viel Schauen und gleichzeitigem Aufpassen, wohin man seinen Fuß setzt, ist man für die große Zahl an Alpen richtig dankbar. Schließlich weitet sich der Weg da immer wieder, Bänke und Tische laden zur Rast, und Milch und Käse schmecken, wie die Wiese duftet.

ALLGÄUER KÄSE

Von Traditions-bewahrern und jungen Wilden

„Guter Käs braucht Gefühl und Zeit" – auf diesen Leitspruch der Käserei Jamei Laibspeis treffe ich im Allgäu überall, wo es um guten Käse geht. Die leistungsorientierte Produktion tut dem Käse nicht gut, da sind sich Senner, Genossen und Veredler einig.

Christine Gentner, die den Sommer mit Ehemann Andreas, ihren Kindern und 14 Milchkühen auf 1129 Meter Höhe im Rappenalptal verbringt, hält nichts von Turbokäse. Ob sie zufüttern auf der Buchrainer Alpe? Was für eine Frage! Kraftfutter ist angesichts der satten Bergweiden überflüssig, erklärt die Sennerin. Es würde nur die Qualität der Milch beeinträchtigen. Das Dicklegen (Erwärmen) der mit Lab und eigenen Käsekulturen versetzten Milch geschieht hier in einem riesigen Kupferkessel auf offenem Feuer. Und mit viel Geduld, wie seit Generationen. Wanderer schwören auf den würzigen Bergkäs der Buchrainer Alpe.

Die Käseradler

Thomas Breckle und sein Kompagnon Martin Rößle von Jamei Laibspeis sind Käseveredler. Ihr „Rohmaterial" beziehen die beiden von Sennalpen, die das alte Wissen um die Käseherstellung noch pflegen. Per Mountainbike klappern sie die Alpen ab, prüfen, verkosten und kaufen Vielversprechendes ein. Das lagert dann in einem uralten Keller in Kempten, wird gewendet und „eingeschmiert". Wie lange? Zwei, drei, fünf Jahre? „Freund, irgendwann packen's mir zwei", sagt Breckle liebevoll zu einem Käselaib mit tiefbrauner Rinde, den er für ausgereift hält. Die erste Verkostung gerät immer wieder überraschend – überraschend gut natürlich.

Das Geheimnis der Bakterien

Immer wenn das Gespräch auf Käse kommt, geht es auch und vor allem um die Qualität der Bakterienkulturen. Nur Milch von Kühen, die nicht mit Kraftfutter und Silage zur Höchstleistung gebracht werden, ist „sauber" genug, damit bester Käse entstehen kann. Sauber meint: mit möglichst geringem Anteil an negativ wirkenden Kulturen, die typisch sind für Silagemilch. Manche Senner setzen puristisch auf die milcheigenen Kulturen, andere fügen nach altem Familienrezept selbstgezüchtete Stämme zu. Aber die Grundlage jedes guten Bergkäses ist die Milch – Heumilch, wie sie heute werbewirksam heißt.

Die Käsegenossen

Ein schmuckes Bauernhaus, ein kleiner Laden mit Probierstube und dahinter die Räume der Sennerei Gunzesried – hier entstehen jedes Jahr aus 1,5 Millionen Litern Heumilch würziger Bergkäse, köstlicher Camembert und viele andere Sorten. Zwölf Milchbauern mit rund 200 Kühen gehören der 1892 gegründeten, ältesten durchgehend bewirtschafteten Genossenschaft Bayerns an. Reich werden die Gunzesrieder Genossen nicht, doch sie bewahren ihre Unabhängigkeit von Großvermarktern und schützen mit ihrer Wirtschaftsweise nachhaltig Landschaft und Dorfkultur. Das Allgäu ist voll mit solchen und ähnlichen Beispielen.

Oben: Andreas Gentner beim Einschmieren der Käselaibe auf der Buchrainer Alpe

Unten: Bei Jamei Laibspeis in Kempten wird Käse aus der ganzen Alpenregion veredelt.

Oben: Im Laden von Jamei Laibspeis gibt es neue Käsekreationen zu entdecken.

Links: Auf der Buchrainer Alpe wird der Käse traditionell im Kupferkessel dickgelegt.

Probieren und einkaufen

Buchrainer Alpe: Mai–Mitte Okt.; ab Parkplatz Fellhornbahn (Oberstdorf) in ca. 60 Min. zu erreichen; Verkauf von Sennalp-Bergkäse und eigenen Wurstspezialitäten; **www.alpe-buchrainer.de**

Jamei Laibspeis: Der Laden ist Mi. und Sa. 8.00–13.00, Fr. 12.00–18.00 Uhr geöffnet; Hildegardplatz 3, Kempten, **www.jamei-laibspeis.de**

Sennerei Gunzesried: Laden und Probierstube haben tgl. 9.00–12.00 und 15.00–18.00 Uhr offen; die Genossenschaft vertreibt ihre Produkte auch online; Talstr. 32, Blaichach/Gunzesried, Tel. 08321 8 41 09 **www.gunzesrieder-bergkaese.de**

LEUTKIRCH im Allgäu
Aichstetten
Legau
Bad Grönenbach
Kronburg
Wolfertschwenden
Obergünzburg
Untrasried
Dietmannsried
Altusried
Lauben
Haldenwang
Wildpoldsried
Kempten (Allgäu)
Betzigau
Wiggensbach
Durach
Sulzberg
Buchenberg
Waltenhofen
ISNY im Allgäu
Weitnau
Oy-Mittelberg
Wertach
Missen
Rettenberg
Burgberg
IMMENSTADT im Allgäu
Blaichach
SONTHOFEN
Bad Hindelang
Oberstaufen
Stiefenhofen
Grünenbach
Fischen im Allgäu
Oberjoch-Pass
Naturpark Nagelfluhkette
ÖSTERREICH
Maßstab 1:200.000
4km
1
2
3
4

Annäherung ans Hochgebirge

Im nördlichen Teil des Oberallgäus bereitet die Natur den Übergang vom sanft gewellten Bauernland zu den schroffen Alpengipfeln im Süden vor. Die Region ist uraltes Siedlungsgebiet. Kempten besteht seit vorrömischer Zeit, gibt sich mit seiner quirligen Altstadt und dem entspannten Leben an der Iller aber höchst zeitgemäß.

1 Kempten

Die größte Stadt des Allgäus (70 000 Einw.) wuchs erst 1818 aus zwei Siedlungen zusammen, die viele Jahrhunderte lang getrennt voneinander existierten: der niedriger gelegenen Reichsstadt und der Fürstabtei oberhalb. Eine keltische Niederlassung an einer Flussschleife der Iller existierte bereits um die christliche Zeitenwende. Unter römischer Herrschaft wuchs sie als Cambodunum zu einem blühenden Gemeinwesen heran.

SEHENSWERT

Der ebenso lebhafte wie malerische Mittelpunkt der **Altstadt** **TOPZIEL** ist der Rathausplatz mit dem strahlend weißen, von einem Turm gekrönten **Rathaus** (1474). Der im 17. Jh. errichtete Brunnen davor schmückt sich mit der Figur eines römischen Hauptmanns. Prächtige Barock- und Rokokofassaden stolzer Patrizierhäuser, darunter der **Londoner Hof** (1764) und das **Ponikauhaus** (1740), rahmen den Rathausplatz ein. Um die Ecke sind an den Fassaden von Kronenstr. 29 und 31 zierliche Barockfresken zu bewundern.

Die in der ersten Hälfte des 15. Jh. errichtete Kirche **St. Mang** wurde nach dem Übertritt der Reichsstadt zum Protestantismus 1533 in ein evangelisches Gotteshaus umgewandelt. Auffällig ist der teils noch vom romanischen Vorgängerbau stammende Turm (66 m). Einen Gang durch die Stadtgeschichte unternehmen Besucher der **Erasmuskapelle** (13. Jh.); das ehemalige Beinhaus bildet den stimmigen Rahmen für eine sehenswerte Multivisionsschau (Do.–Di. 11.00–18.00 Uhr, jeweils zur vollen Std.; Zugang am St.-Mang-Platz).

Die **Stiftsstadt** wurde nach den Verwüstungen des Dreißigjährigen Krieges Mitte des 17. Jh. in vollendetem Barock neu errichtet. Baumeister der vierflügeligen **fürstäbtlichen Residenz** (Führung April–Sept. Di.–So. 9.00–15.45, Okt. 10.00–16.00, sonst nur Sa., So. 10.00–16.00 Uhr, alle 45 Min.) waren Michael Beer und Johann Serro; die Innenausstattung in feinem Rokoko besorgten Wessobrunner Künstler. Das sakrale Herz bildet die Klosterkirche **St. Lorenz,** ebenfalls von Beer und Serro. Sie ersetzte die zerstörte romanische Kirche und bewegt sich stilistisch eigenwillig zwischen Spätrenaissance und Rokoko. Zu den herausragenden Ausstattungsdetails zählen das Chorgestühl, zwei Rokokoaltäre des Wessobrunners Johann Georg Üblher und das gotische Astkreuz aus der Vorgängerkirche.

Zwei bedeutende Museen residieren im Umfeld von Residenz und Basilika. Das **Alpin-Museum** (Landwehrstr. 4, www.kempten.de Di.–So. 10.00–16.00 Uhr) zeigt eine umfassende Ausstellung zum Natur- und Lebensraum Alpen. Im **Kempten-Museum im Zumsteinhaus** (Residenzplatz 31, www.kempten.de; voraussichtl. Di.–So. 10.00–18.00 Uhr) wird sich alles um die Geschichte Kemptens und des Allgäus drehen, wenn es im Herbst 2019 neu konzipiert eröffnet.

Das römische **Cambodunum** lag oberhalb des östlichen Illerufers auf dem Lindenberg. Sein Forum, eingebettet in einen Park, ist frei zugänglich; der rekonstruierte Tempelbezirk vermittelt einen Eindruck von der Anlage einer gallo-römischen Kultstätte. Wenige Schritte weiter können Sie den Archäologen bei einer

Kempten: Hildegardplatz neben der Basilika St. Lorenz; St.-Mang-Kirche; Archäologischer Park Cambodunum

Schaugrabung zusehen (Cambodunumweg 3; März–Nov. Di.–So. 10.00–17.00 Uhr).

RESTAURANTS

Nach dem Stadtbummel genießen Sie gediegene regionale Küche beim **€€ Schalander** (Fischersteige 9, Tel. 0831 1 68 66, https://schalander-kempten.de; So. geschl.) oder ein feines Crossover mediterran-orientalischer Kulinarik im todschicken **€€€ Nova** (Rathausplatz 21, Tel. 0831 57 07 22 88, http://nova-kempten.de; So. abends geschl.).

UNTERKUNFT

Außen behäbig, innen zeitgeistiger Alpenschick: Das **€€€ Hotel Goldene Steig** in bester Innenstadtlage verwöhnt seine Gäste mit familiärer Aufmerksamkeit und üppigem Frühstück (Klostersteige 4, Tel. 0831 54 07 79 80, www.goldene-steig.de).

UMGEBUNG

Bei **Betzenried** (10 km südöstl.) ruhen im Kempter Wald, gut ausgeschildert, zahlreiche von Eiszeitgletschern hierher verfrachtete Findlinge. Der größte davon, der Dengelstein, weist imposante 8,50 m Höhe und 60 m Umfang auf und diente einst als Richtplatz, wie kleinere Blöcke im Umkreis, wahrscheinlich Schöffensitze, vermuten lassen.
Altusried (14 km nordwestl.) ist die Heimat von Allgäukommissar Kluftinger (s. S. 31).

INFORMATION

Rathausplatz 24, 87435 Kempten,
Tel. 0831 9 60 95 50,
www.kempten-tourismus.de

2 Immenstadt im Allgäu

Auf den ersten Blick viel Gewerbe und Industrie: Unter anderem Bosch und Kunert haben sich im Umland von Immenstadt (14 000 Einw.) angesiedelt, was den Gemeindesäckel mit Steuergeldern füllt. Der historische Ortskern ist übersichtlich. Im Dreißigjährigen Krieg ging ein Großteil der Bauten in Flammen auf; heute stammt vieles aus dem 19. und 20. Jh. Am Nordostrand des Naturparks Nagelfluhkette gelegen, bietet sich Immenstadt als Ausgangspunkt für Bergtouren an.

Tipp

Begegnung mit der Erde

Wie soll man **Artemisia** beschreiben? Eine Gruppe engagierter Menschen betreibt Acker-, Gartenbau und Tierzucht in umweltverträglichem Rahmen, nachhaltig und achtsam gegenüber der Natur. Die Begegnung zwischen Erde, Pflanze, Mensch und Tier zu ermöglichen ist ihnen ein wichtiges Anliegen. Beim Besuch des herrlichen Kräutergartens, des Hofladens, der Gaststube mit selbstgebackenen Kuchen oder einer der vielen Veranstaltungen können Sie diese Begegnung intensiv erfahren!

Gaststube/Laden: Mi.–Fr. 14.00–18.00, Sa., So. 10.00–18.00 Uhr; Hopfen 29, Stiefenhofen, Tel. 08386 96 05 10, https://artemisia.de

Immenstadt: Alpseehaus; Allgäuer Bergbauernmuseum Diepolz; Großer Alpsee

SEHENSWERT

Die kleine Altstadt um das **Montfort-Schloss** (zuletzt 1746 umgebaut), in dessen Passage heute Geschäfte residieren, ist schnell besichtigt. Ein Besuch bei der anmutigen Madonna (1470) von Ivo Striegel in der barocken Kirche **St. Nikolaus** und ein Bummel über den **Marienplatz**, an dem samstags Markt gehalten wird, machen mit den wichtigsten Sehenswürdigkeiten vertraut.

AKTIVITÄTEN

In der **Alpsee-Bergwelt** am Westende des Großen Alpsees führt eine Bergbahn zum Start des 3 km langen Alpsee Coasters, der mit zahlreichen Hürden den Hang hinuntermäandert (www.alpsee-bergwelt.de; Jan.–April Sa., So. 10.00–16.30, Mai, Okt. tgl. 10.00–17.00, Juni, Juli, Sept. bis 18.00, Aug. bis 19.00 Uhr). Noch mehr Abenteuer verspricht der Kletterwald Bärenfalle (April–Okt. wie Coaster geöffnet).

RESTAURANT

Was des Gastes Herz begehrt – von Kässpätzle über Krustenbraten bis zum Wildgulasch – kommt im schmucken Wirtshaus **€€ Zum lustigen Hirsch** im Ortsteil Akams auf den Tisch (7 km nördl.; Akams 3, Tel. 08323 49 15, http://lustiger-hirsch.de).

UMGEBUNG

Westlich lockt der 2,5 km² messende **Große Alpsee** im Sommer Wasserratten, im Winter Eissportler. 11 km lang ist der reizvolle Rundwanderweg, der stets nah am Wasser verläuft; mehrere Badestellen sorgen für Erfrischung. Der Mitmachbauernhof im **Allgäuer Bergbauernmuseum** (10 km nordwestl.; Diepolz 44, www.bergbauernmuseum.de; Ende März–Anf. Nov. tgl. 10.00–18.00 Uhr) ist ein lehrreicher Spaß für Groß und Klein. Neben Streicheltieren gibt es auch einen „begehbaren Kuhmagen“, in dem Besucher lernen, wie ein Rind verdaut. Die Höfle-Alpe mit einer historischen Sennküche stillt den Hunger mit Kässpatzen oder Bergkäse.

INFORMATION

Tourist-Info Alpseehaus, Seestr. 10, 87509 Immenstadt-Bühl, Tel. 08323 99 88 77, www.alpsee-gruenten.de

3 Naturpark Nagelfluhkette

Eine besondere Gesteinsformation aus Kiesel, Sand und Kalk hat die eigenwillige Gestalt der Nagelfluhkette hervorgebracht. Das Gestein ist hart und erosionsbeständig, während die Füllstoffe Mergel und Sand von Wind und Wetter abgetragen werden. So entstehen in Gipfellagen die charakteristischen Felsbänder, die teilweise wie Gerippe aussehen. Die Hänge darunter, sanft geneigt und dicht bewaldet, stehen in reizvollem Kontrast zur Kargheit der Höhen. Seit 2008 ist die grenzübergreifende Region Deutschlands und Österreichs als **Naturpark Nagelfluhkette** TOPZIEL geschützt. Charakteristischer Berg ist der **Hochgrat** (1834 m), von dessen Gipfel sich drei Grate nahezu symmetrisch nach Westen, Osten, Norden wenden.

AKTIVITÄTEN

Seit 1972 bringt die **Hochgratbahn** (Talstation: Lanzenbach 5, Oberstaufen, https://hochgrat.de; Sommer tgl. 8.45–16.30 Uhr, sonst kürzer) mit ihren altmodisch anmutenden Gondeln die Gäste auf 1700 m Höhe; von der Bergstation erreicht man in 15 Min. den Gipfel. Zu Fuß führt eine etwa 2,5-stündige **Wanderung** von der

Der Große Alpsee lockt im Sommer Wasserratten. Am reizvollen Rundwanderweg sorgen mehrere Badestellen für Erfrischung.

Talstation über Untere und Obere Lauchalpe zum 1901 errichteten stählernen Gipfelkreuz. Ein Tourenbuch mit Wanderkarte, das viele weitere Routen im Naturpark beschreibt, ist bei den Touristinfos und im Naturparkzentrum erhältlich. Welche Wege mit dem **Mountainbike** befahrbar sind, entnehmen Sie ebenfalls den Infobroschüren des Naturparks. Generell gilt in Bayern: Naturparkwege, die schmäler sind als zwei Meter, sind für Biker verboten.

INFORMATION
Naturparkzentrum im Alpseehaus, Seestr. 10, 87509 Immenstadt-Bühl, Tel. 08323 99 88 77, www.nagelfluhkette.info

4 Oberstaufen

Der Kurort (7600 Einw.) in hübscher Lage vor dem Hochgrat ist ein Ziel für sportlich Aktive – und für Anhänger von Johann Schroth, der hier um 1820 seine Heillehre entwickelte. 1959 wurde Oberstaufen zum einzigen Schrothkurort Deutschlands erklärt. Wer neben den vielen Freizeit- und Sportmöglichkeiten Zeit findet, wirft einen Blick in die neugotische Kirche **St. Peter und Paul** mit ihrer monumentalen Kreuzigungsgruppe (um 1500) am Hauptaltar.

AKTIVITÄTEN
Abschlag mit Panoramablick: Das **Golfzentrum Oberstaufen** (Buflings 1, www.golfzentrum-oberstaufen.de) bietet einen 18- und einen 9-Loch-Platz vor majestätischer Kulisse.

UNTERKUNFT/RESTAURANT
Wenn Sie in Oberstaufen übernachten, dann in einem richtigen Schrothkurhotel. €€€€ **Haubers Naturresort** (Meerau 34, Tel. 08386 9 33 05, www.haubers.de) ist für die Original Schrothkur zertifiziert, bietet aber auch sanfteres Detox-Fasten an. Toll ist der Naturteich anstelle eines Pools! Im dazugehörigen Restaurant €€€ **Esslust** stehen Gerichte wie Tafelspitzsülze oder Staufner Saibling mit Rauke auf der Karte. Löblich: Auch die Lieferanten sind dort aufgelistet und allesamt aus der Region.

UMGEBUNG
In **Genhofen** (4 km nordwestl.) harrt ein wahres Freskenkleinod der Entdeckung. Die äußerlich schlichte gotische Kirche **St. Stephan** überrascht mit einer Ausmalung (Ende 16. Jh.), die neben christlichen Motiven auch Symbole wie Druidensterne und Swastiken (Hakenkreuze) aufweist. Inmitten der so farbenfrohen wie verwirrenden Kulisse ziehen drei fein gearbeitete Flügelaltäre die Aufmerksamkeit auf sich. Das **Paradies** (4 km südwestl.) an der Deutschen Alpenstraße, einer der malerischsten Aussichtspunkte des Allgäus, eröffnet einen atemberaubenden Blick auf die westliche Alpenkette bis zum Säntis.

INFORMATION
Hugo-von-Königsegg-Str. 8, 87534 Oberstaufen, Tel. 08386 9 30 00, www.oberstaufen.de

Genießen Erleben Erfahren

DuMont Aktiv

Nicht links, nicht rechts, nur geradeaus

Gratwandern ist Trainingssache, aber schwindelfrei müssen Sie schon sein, wenn Sie dem Premiumwanderweg Luftiger Grat über die Höhen der Nagelfluhkette folgen möchten. Der Lohn sind herrliche Ausblicke. Mit der Gondel gelangen Sie bequem zur Bergstation der Hochgratbahn. Auf relativ gleichbleibender Höhe wandern Sie immer am Grat entlang, vorbei am Staufner Haus, über den Gipfel des Seelekopfs (1663 m) und weiter zum Hohenfluhalpkopf (1636 m, Km 2). An manchen Stellen ist der Fels so steil gestellt, dass nur der schmale, spitze Grat für den Weg bleibt.

Trotz der ausgesetzten Lage sind hier erstaunliche Pflanzengemeinschaften zu entdecken. Alpendohlen und Kolkraben begleiten den Wanderer. Nach rund 3 km ist der Naturerlebnisplatz Dreiländerblick erreicht, ein fantastischer Aussichtspunkt. Unterhalb erspähen Sie schon die Falkenhütte auf 1450 m (Km 4), wo sich eine gemütliche Rast anbietet.

Von nun an geht's konstant bergab, 4 km lang, vorbei am idyllischen Naturerlebnisplatz Bergahorngarten hinter der Oberstiegalpe. Einige der Bergahorne sind mehrere Hundert Jahre alt. Kurz nach dem tiefsten Punkt bei 962 m (Km 7,8) erreichen Sie die Alpe Remmelegg und steigen über die restlichen 2 km zur Bergstation der Imbergbahn auf 1214 m auf. Mit der Gondel schweben Sie gemütlich hinunter nach Steibis ins Tal.

Premiumwanderweg Luftiger Grat

Ausgangspunkt: Talstation der Hochgratbahn
Endpunkt: Talstation der Imbergbahn, von dort mit dem Bus zurück zum Ausgangspunkt; www.mona-allgaeu.de
Länge: 10 km, 480 Höhenmeter
Dauer: ca. 5 Std.
Schwierigkeit: schwer; Trittsicherheit Schwindelfreiheit, Bergerfahrung und gute Kondition erforderlich
Einkehrmöglichkeiten: Berggasthof Falkenhütte, www.falkenhuette.de; Berggasthof Oberstiegalpe, www.oberstiegalpe.de; Alpe Remmelegg, www.alpgenuss.de

... und deinen
Sommer-
traum ...
HOTEL ALLGÄU SONNE
5-STERNE · OBERSTAUFEN
Gourmetküche
Panorama-Fitnesswelt
2100 m² Wellnesswelt
allgaeu-sonne.de
HOTEL BANNWALDSEE
4-STERNE · HALBLECH-BUCHING
Familiäre Herzlichkeit
Neuer Wellnessbereich
Kultur, Schlösser, Natur
bannwaldseehotel.de
NATURLANDHAUS KRONE
4-STERNE · MAIERHÖFEN
Wacker Basenfastenhotel
Panorama Loungepool
Bio Wildkräuterzimmer
naturlandhaus-krone.de
TRAVEL CHARME IFEN HOTEL
5-STERNE · KLEINWALSERTAL
Zeitgemäße Architektur
Sternegekrönte Kulinarik
2.300 m² Premium Spa
travelcharme.com
PARKHOTEL FRANK
5-STERNE · OBERSTDORF
Genüsslich urlauben
Outdoor & Wellness
Wanderlust-Programm
parkhotel-frank.de
Top10 Allgäu |
www.allgaeu-top-hotels.de/dumont
Bild: Wellvitalhotel Bergblick

Einmal Steinadler sein

Im südlichen Oberallgäu wünscht man ihn sich mit allen Fasern, den Blick aus der Vogelperspektive: über das Illertal, auf den weiten Talkessel von Oberstdorf, auf die steil emporwachsenden Zweitausender, tief eingeschnittene Tobel und den Fleckerlteppich grüner Alpen. Das wäre Glückseligkeit pur.

In den Allgäuer Hochalpen, nahe der Mittelstation der Nebelhornbahn, genießen Wanderer herrliche Ausblicke auf die österreichischen Alpen. Tief unten schimmert der Seealpsee.

Ganz bequem schwebt man von Oberstdorf mit der Seilbahn auf das 2224 m hohe Nebelhorn.

Ein kurzer Anlauf am Nebelhorn, der Schirm bläht sich, der Pilot hebt ab – auf und davon in den Himmel.

Für passionierte Gleitschirmpiloten ist der Blick von oben Routine, deshalb aber nicht weniger schön. Ein kurzer Anlauf am Nebelhorn, der Schirm bläht sich, der Pilot hebt ab – auf und davon in den Himmel. Ein paar coole Turns, ein Juchzer, und bald ist er nur noch ein Punkt, der mit anderen bunten Punkten vor dunklen, tannenbewachsenen Berghängen in der Thermik tanzt.

Wie der Käse ins Allgäu kam

Wer im 18. Jahrhundert eine Reise ins Oberallgäu unternahm, begab sich angeblich auf eine „Fahrt ins Blaue", sprich: in die Region der blau blühenden Flachsfelder. Auch wenn sich diese Erklärung häufiger findet – die Redewendung hat weder etwas mit Flachs noch mit dem Allgäu zu tun. Es gilt nicht einmal als gesichert, dass im Allgäu tatsächlich im großen Stil Flachs angebaut wurde, bevor die Landwirte auf Anraten des Agrarreformators und Käsepioniers Carl Hirnbein (1807–1871) auf Milch- und Käsewirtschaft umstellten und das angeblich blaue in ein grünes Allgäu verwandelten. Dieser Prozess, der die Landschaft ebenso revolutionierte wie die ärmlichen wirtschaftlichen Verhältnisse, vollzog sich in der ersten Hälfte des 19. Jahrhunderts, und Carl Hirnbein, der vor allem mit Weichkäsesorten experimentierte, war nicht der einzige Protagonist dieser Veränderung.

Der Schweizer Sennereimeister Johann Althaus (1798–1876) tat sich durch die „Erfindung" des Allgäuer Emmentalers hervor. Ihm gelang 1827 auf der Au-Alpe im Gunzesrieder Tal erstmals die Herstellung eines Zentnerlaibs Käse nach Schweizer Art, wie er damals genannt wurde. Der wohlschmeckende, lang haltbare Käse ließ sich teurer verkaufen als Getreide oder die auf den Höfen produzierten Milchprodukte. So wandelten immer mehr Bauern ihre Äcker in Grünlandflächen und ihre Galtalpen, auf denen im Sommer das Jungvieh stand, in Sennalpen mit Milchkühen und Käseherstellung um.

Die Berglandschaft des Oberallgäus mit ihren über 600 Alpen, auf denen 30 000 Rinder „sömmern", ist also ein relativ junges Phänomen. Und auch nach der Einführung der Sennerei hat es immer wieder Veränderungen gegeben. An der Wende zum 20. Jahrhundert widmete man nicht ertragreiche Alpen zu Jagden um. Anfang der 1980er-Jahre gab es dann einen wahren Alpenboom; seither dreht sich die Diskussion häufig um Landschaftszerstörung, und die Umwandlung traditioneller Alpen in Gaudihütten oder Designunterkünfte steht am Pranger.

Die Gleitschirmflugschule Vogelfrei startet von der Mittelstation der Nebelhornbahn zu Tandemflügen (oben rechts und unten links).

Von der Bergstation der Nebelhornbahn gelangt man zum Hindelanger Klettersteig, der neben Trittsicherheit und Schwindelfreiheit unbedingt Erfahrung im hochalpinen Gelände erfordert (ganz oben).

Breitachklamm bei Oberstdorf: Hier hat sich die Breitach bis zu hundert Meter tief in den Fels gesägt.

Das Leben vergangener Zeiten wird im Museumsdorf Gerstruben lebendig. Das im Mittelalter von Walsern gegründete Dorf war bis 1892 besiedelt (rechts oben und Mitte).

In Rohrmoos im Starzlachtal steht die schlichte Holzkapelle St. Anna. Bedeutung hat sie wegen ihrer üppigen bildnerischen Ausstattung.

Von Oberstdort führen Spazierwege hinauf zum malerischen Freibergsee mit Badeanstalt und Bootsverleih.

Ein nasser, oft glitschiger Steig mit Aussichtsplattformen führt durch den Hölltobel mit rauschenden Wasserfällen.

Im Frühtau zu Berge

Auf dem Weg durchs malerische Oytal bis zur Käseralpe im Talschluss bleibt uns genug Zeit, über den Boom des Bergtourismus nachzudenken. Gestartet sind wir an der Talstation der Nebelhornbahn, wo die Menschenmassen zum Nadelöhr der gemächlich den Berg emporschwebenden Gondel drängten. 45 Minuten Wartezeit, beschied uns die resolute Dame an der Kasse. Wir zogen den Weg ins Oytal dem Rummel vor.

Das Nebelhorn ist einer der markantesten und attraktivsten Gipfel der Allgäuer Hochalpen. 2016 erhielt es mit einem todschicken Restaurant und dem Nordsteig Attraktionen, die auch Nicht-Bergfexe auf den Gipfel locken. Jeder, der mag, kann auf diesem „Steig“ ohne sichernde Ausrüstung an der fast senkrecht abfallenden Nordflanke entlangspazieren und risikolos einen Blick in die Tiefe werfen. Das mobilisiert Besuchermassen, für die die Kapazitäten der Bahn längst nicht mehr ausreichen. Bis Ende 2020 soll der Bau einer modernen Umlaufbahn Abhilfe schaffen. Anstelle von derzeit 600 werden dann doppelt so viele Menschen pro Stunde auf den Berg geschaufelt.

Auch im Oytal sind viele unterwegs; Wandern und Mountainbiking haben Saison. Trotzdem nimmt die Annäherung an die Fels- und Steilgrasgipfel im Talschluss den Atem. Schneck und Himmelhorn, Großer und Kleiner Wilder bauen sich auf und schließlich, orchestriert vom Rauschen des Stuibenfalls, die Höfats über der Käseralpe. Auf dem Rückweg können wir den Verlockungen der Funsportindustrie nicht widerstehen. Am Oytalhaus leihen wir uns Bergroller und rasen damit zurück ins Tal.

Naturschutz in privater Hand

Zwölf Kilometer südlich von Oberstdorf, im Reich der Bergriesen, wo auch Fellhorn, Kanzelwand und Hoher Ifen durch Bahnen erschlossen sind, versucht sich ein Unternehmer in behutsamer Entwicklung. Manfred Kurrle erwarb 1998 von den Wittelsbachern die ehemalige Jagd des Prinzregenten Luitpold und wandelte 930 Hektar Land in die Naturschutzstiftung Allgäuer Hochalpen um. Fünf Alpen, Bergwiesen und verpachteten Wald rund um das Rappenbachtal möchte der Stuttgarter, der sich längst als Allgäuer fühlt, im Einklang mit Natur und Traditionen entwickeln. Es ist ein traumhaft schöner Landstrich, eingerahmt von Trettachspitze, Mädelegabel und Hochfrottspitze, ein wunderbares Wandergebiet, dessen er sich mit viel Liebe und Geld annimmt. Er lässt neue Bäume pflanzen, errichtet Wildfütterungen und hat einen Wald- und Wildlehrpfad angelegt. Behutsam wurden die Alphütten renoviert. Der über zweihundertjährigen Breitengehren-Alpe sieht man den Umbau kaum an; aber dass es nun Strom und Wasser gibt, freut die jungen Pächter Maria Heider und

Der besondere Reiz der Allgäuer Alpen liegt in ihren bizarren Formen.

Roman Jäckle, die neben dem Sennereibetrieb vorbeikommende Wanderer bewirten. Christine Gentner von der Buchrainer-Alpe ist glücklich, weil sie die Milch ihrer Kühe dank Kurrle weiterhin in dieser Traumlandschaft und im Kupferkessel käsen kann. Natürlich läuft so etwas nicht ohne Widerstände. Kurrles Ideen und Plänen begegneten die lokalen Politiker anfangs eher kritisch, und so manches musste er auf Eis legen, etwa das geplante Miniwasserkraftwerk. Doch inzwischen sitzt auch Oberstdorfs Bürgermeister im Rat der Stiftung.

Gesteine aus dem Tethysmeer

Der besondere Reiz der Allgäuer Alpen, vor allem der Hochalpen im Raum Oberstdorf, liegt in ihren eigenwilligen Formen, die ihren Ursprung den Ablagerungen im Ur-Ozean verdanken. Zu bizarren Felsskulpturen erodierter Hauptdolomit wie am Großen Krottenkopf oder

Beliebte Raststation in den Oberstdorfer Bergen: das Waltenberger Haus (ganz oben). Unterwegs auf dem Mindelheimer Klettersteig (Mitte) und im Oytal (unten)

Oben: Bei einer Wanderung durch Stillachtal und Rappenalptal gelangt man zum Rappensee auf 2047 m Höhe.

Links: Wer den Mindelheimer Klettersteig absolviert, sieht mit etwas Glück Steinböcke aus nächster Nähe.

Eine gute Kombination: strahlender Sonnenschein und eine herrliche Sicht auf der Aussichtsterrasse an der Bergstation der Kanzelwandbahn

Alphornbläser und -bläserinnen unter sich, beim Alphornfestival im Kleinwalsertal

Fotosession auf dem Gottesackerplateau, von dem das Kleinwalsertal nach Norden hin begrenzt wird.

Kleinwalsertal

Special

Abgeschieden und eigen

Das österreichische Kleinwalsertal ist ein geopolitischer Sonderling und dank seiner himmelstürmenden Gipfel ein Wander- und Wintersportparadies par excellence.

Das nur von Oberstdorf, also durchs Allgäu zugängliche Tal ist mit einem Riegel schroffer Berge – darunter der Hohe Ifen (2229 m) und der Große Widderstein (2533 m) – zum Mutterland hin abgeschottet. Dass es dennoch zu Österreich gehört, liegt an Herzog Sigmund von Tirol, der das Tal 1451 eroberte. Ungefähr 140 Jahre zuvor hatte die Zuwanderung von Alemannen aus der Schweiz, den Walsern, begonnen. Besonders deren Trachten und der Schweizer Dialekt sind in der abgeschiedenen Region bis heute erhalten.

Im 20. Jahrhundert trieben Glücksspiel und Bankenhilfe bei Steuervermeidung üppige Blüten, doch beides scheint nicht mehr zeitgemäß. Bleiben Landwirtschaft und Tourismus,

Paradies für Wanderer und Mountainbiker

und für Letzteren herrschen in dem reizvollen, schneesicheren Tal beste Bedingungen. Die Skiregion Oberstdorf-Kleinwalsertal ist die höchstgelegene des Allgäus. Geologisch Interessierte sollten eine Wanderung zum Gottesackerplateau am Hohen Ifen unternehmen (Sessellift zur Ifenhütte, dann rund drei Stunden für Hin- und Rückweg), wo die Verwitterung des Schrattenkalks eine fast surreale Landschaft geschaffen hat.

am Nebelhorn steht den von Steilgrashängen geprägten Bergen wie der Höfats gegenüber, deren reicher Pflanzenwuchs der fruchtbaren Mergelschicht zu danken ist. Flysch, ein Gemisch aus Mergel, Ton und Sandstein, bildet den Grundstock der Hörnergruppe östlich des Illertals, für deren sanft gerundete Hänge und Gipfel das Schweizer Wort für „fließen“ mehr als passend ist. Schrattenkalke stehen auf einigen Hochebenen wie dem Gottesackerplateau am Hohen Ifen an, wo Wasser das leicht lösliche Kalkgestein zerfurcht hat. Nimmt man die weiter nördlich gelegene Nagelfluhkette mit ihren grünen Hängen hinzu, eröffnet sich Naturfreunden auf relativ kleinem Raum ein wahres Paradies an geologischer und botanischer Diversität. Edelweißsternchen auf Steilgrashängen, uralte Bergahornhaine und mit Aurikel gesprenkelte Bergwiesen malen das Bild einer jungfräulichen Naturlandschaft, die jedoch seit Urzeiten von Menschen genutzt wird. Bereits die Kelten trieben ihre Tiere im Sommer auf die Alp.

Die Stille nach dem Sturm

Auf eine lange Geschichte wirtschaftlicher, bergsteigerischer und touristischer Nutzung blickt auch der nördlichste Berg der Allgäuer Alpen zurück, der das Illertal überwachende Grünten.

Der Bildhauer und Holzkünstler Christoph Finkel aus Bad Hindelang prüft für jedes seiner Werke die individuellen Eigenschaften des Holzes.

„Trägt der Grünten einen Hut, wird das Wetter gut, trägt er eine Mütze, gibt es eine Pfütze."

Volksmund

Bereits im Mittelalter haben sich die Hauer auf der Suche nach Erz in seine Flanken gegraben. Die damit einhergehende massive Abholzung brachte dem Berg seinen Namen ein: Grünten bedeutet „Glatzkopf". Prominente Gipfelstürmer wie Kaiser Maximilian I. sind in den Annalen verzeichnet, und 1852 errichtete Carl Hirnbein hier das erste Berghotel des Allgäus, die heutige Grüntenhütte. Um sie herum entstand ein beliebtes familienfreundliches Skigebiet, dessen Lifte im Winter 2017/18 plötzlich stillstanden – Insolvenz. Für die Gemeinde Rettenberg-Kranzegg und den Pächter der Grüntenhütte eine Katastrophe? Weit gefehlt, sagte Hüttenwirt Norbert Zeberle im Bayerischen Fernsehen. Eher eine Chance. Den ersten liftfreien Winter verbrachte er nicht im hektischen Skizirkus, sondern mit umweltbewussten Schneeschuhtourengehern; einige haben sogar auf der Hütte übernachtet. Für den Sommer plant er Veranstaltungen wie Jodelkurse. Ein neues, nachhaltiges Konzept für den jahrhundertelang geschundenen „Wächter des Allgäus" – Zeberle hat nichts dagegen.

Der die Bäume spürt

Kunst liegt in der Luft über dem schmucken Kurort Bad Hindelang. Und damit sind nicht die grellbunten Plastikkühe, -schafe und -gockel gemeint, die mehr oder weniger dekorativ im Ortszentrum herumstehen. Auch nicht die teils kitschig anmutenden Schnitzereien in den Souvenirgeschäften. Nein, hier im Ostrachtal waren und sind einige besonders talentierte Holzbildhauer zu Hause, darunter die Familie Eberhard, die Mitte des 18. Jahrhunderts erstmals mit religiösen Arbeiten Melchior Eberhards dokumentiert ist. Dessen Sohn Johann Richard war als viel beschäftigter Bildhauer in Kirchen und Kapellen des Oberallgäus tätig, und den Enkeln Konrad und Franz wird Mitte des 19. Jahrhunderts die Wiederbelebung der alten Fasnetsmasken zugeschrieben. Namentlich Franz Eberhard „schnipfelte" mehrere Prototypen der bis heute am häufigsten verwendeten Larven für das Hindelanger Butzentreiben.

Mit Larven- oder Herrgottschnitzerei haben die Arbeiten von Christoph Finkel in Vorderhindelang nichts gemein. Wenn überhaupt, könnte man die Technik, in der seine Holzobjekte entstehen, dem Drechslerhandwerk zuordnen. Aus einer Wagnerfamilie stammend, hatte Finkel von frühester Kindheit an mit Holz zu tun. Er lernte das Material zu lesen und sein Potenzial, das Verhalten im Bearbeitungs- und Trocknungsprozess zu erkennen. Das Holz für seine dünn-

Ein Eldorado für Wanderer und Mountainbiker: das Hintersteiner Tal bei Bad Hindelang (links oben und Mitte)

Im Allgäu leben noch glückliche Kühe ...

Bienen finden auf den Alpwiesen eine enorme Blütenvielfalt. Die Alpenimkerei Jörg bewirtschaftet rund zwanzig Bienenvölker.

Der Almabtrieb oder Viehscheid, wie man im Allgäu sagt, gehört zu den wichtigsten Festen der Region und ist zudem eine beliebte touristische Attraktion – nicht nur in Hinterstein.

Das Leitrind wird mit einem Kranz geschmückt (Mitte rechts) – allerdings nur, wenn es im rund hundert Tage währenden Alpsommer weder bei Mensch noch Tier einen Unfall gab.

Die Arbeit ist getan, das Vieh ist wieder bei seinen Besitzern; jetzt wird gefeiert, hier im Oberstdorfer Ortsteil Schöllang.

Mit Hufschlag und Glockengeläut kündigt sich die Ankunft der Kühe in Hinterstein an.

wandigen Kunstobjekte holt er im Frühjahr mit dem Hornschlitten aus dem Bergwald – es sind von Sturm oder Lawinen gefällte, uralte Bäume. Der kreative Prozess kann Wochen und Monate dauern. Das Ergebnis sind faszinierende, atemraubend schöne Schalen, in denen man noch das Wispern der Wälder hört.

Die Rinder kehren heim

Der Viehscheid an einem Wochenende im September – das genaue Datum hängt von der Witterung ab – gehört zu den bekanntesten und malerischsten Festveranstaltungen im Allgäu. Veranstaltung? Für die von Jahr zu Jahr zahlreicher werdenden Zuschauer mag das gelten; für die Almhirten, die das Vieh nach dem rund hunderttägigen Bergsommer hinuntertreiben zum Scheidplatz, bedeutet dies den kraftzehrenden Abschluss einer arbeitsreichen Saison. Die Tage davor haben sie die Rinder von abgelegeneren Weiden zurück zur Alm geholt und diese winterfest gemacht: die Sommerzäune abgebaut, den angesammelten Dung auf den Wiesen verteilt, Haus und Stall gesäubert. Schließlich haben sie die Tiere mit Blumen- und Kräuterbuschen geschmückt, manche auch mit Spiegelscherben, um Unheil fernzuhalten, und ihnen Glocken umgehängt. Die großen, schweren Zugschellen, wie die Alpler den Schmuck für den Viehscheid nennen, tragen die Rinder nur zu dieser Gelegenheit.

Angeführt von der Kranzkuh mit dem prächtigsten Blumenschmuck, geht's dann hinunter ins Tal, wo die Tiere auf dem Viehscheidplatz ihren jeweiligen Besitzern zurückgegeben werden. Übrigens geordnet nach Galt- und Sennalpen an verschiedenen Tagen! Die Rückkehr der Jungrinder, die den Sommer auf einer Galtalm verbracht haben, ist Anlass für die großen Viehscheidfeste mit Bierzelt, Musik und Tanz. Der Abstieg der Milchkühe von den Sennalpen, wo Käse und Milchprodukte hergestellt wurden, läuft ein paar Tage später eher unspektakulär ab.

NATURSCHUTZ

Verschaukelt oder gewonnen?

Natur Natur sein lassen – dieses Gebot wurde in den Alpen noch nie beherzigt. Bereits die Kelten rodeten Bergwald, um ihr Vieh auf die Alm zu treiben. Was spricht also gegen eine Skischaukel?

Unter Naturschutz: Silberdistel am Riedberger Horn – in Deutschland eine gefährdete Art

Als am 16. März 2018 die Bürgermeister der Allgäuer Gemeinden Balderschwang und Obermaiselstein mit dem bayerischen Ministerpräsidenten Markus Söder (CSU) vor die Presse traten, markierte dies das Ende einer jahrelangen Posse um das Projekt „Skischaukel auf dem Riedberger Horn“. Zur Überraschung der Journalisten und offensichtlich mit nur widerwilliger Zustimmung der betroffenen Bürgermeister verkündete Söder, die umstrittene Skischaukel sei vom Tisch.

Der Druck wächst – auf Natur und Gemeinden

Das Riedberger Horn, einer der markantesten Gipfel in der Hörnergruppe, ist durch zwei kleine Skigebiete erschlossen, die vor allem bei Familien beliebt sind. Keine Hüttengaudi, kein Rummel, nur ein paar Lifte und Pisten, die allerdings von Jahr zu Jahr mehr unter Schneemangel leiden. Wie also konkurrenzfähig bleiben im immer schnelleren, lauteren Skizirkus? Naturschützer rieten zur Förderung von naturnahem Tourismus wie Schneeschuhwandern und Tourengehen. Bürgermeister und Gemeinderat aber stimmten für den Ausbau. Eine Skischaukel sollte die beiden Gebiete attraktiver machen. Das Problem: Sie durchschnitt eine Schutzzone der bedrohten Birkhühner. Damit begann eine Auseinandersetzung, in deren Verlauf das Riedberger Horn zum Symbolberg der Naturzerstörung durch Profitinteressen avancierte. Schließlich waren einige der Beteiligten auch wirtschaftlich in das Projekt involviert.

Ausbau um jeden Preis

Der Fall Riedberger Horn steht stellvertretend für das Dilemma, vor dem sich viele kleine Fremdenverkehrsgemeinden sehen: Schöne Landschaft allein genügt schon lange nicht mehr – Highlights müssen her, in Form von Skigebieten, in denen immer und zu jeder Zeit der perfekte Schwung möglich ist. Oder aber in Form schwindelerregender Installationen wie dem „Nordwandsteig“ am Nebelhorn, auf dem Lieschen Müller in High Heels an einer Steilwand entlanglaufen kann, unter sich 600 Meter Abgrund.

Oben: Die geplante Skischaukel am Riedberger Horn hätte ein Schutzgebiet für seltene Birkhühner durchschnitten.

Links: Naturschützer raten zu sanftem Bergtourismus, ohne drastische Eingriffe in die Natur.

Die Erschließung der Alpen als Event-Arena ist jedoch nicht ohne Nebenwirkungen zu haben. Um Skischaukeln, Ziplines, Rodelbahnen, Mountainbike-Parcours, Gipfelstationen und Bergbahnen ausbauen zu können, wird Wald gerodet und Fels gesprengt. Der Eingriff in die Natur begünstigt Murenabgänge und hat schwerwiegende Folgen für Flora und Fauna.

„Der Alpenraum ist kein Denkmal, keine Verbotszone für Bürger. Wegen einem Skilift zerfallen die Alpen nicht."

Markus Söder (damals noch Heimat- und Finanzminister) 2016 im Landtag

Alpenplan mit Tauschoption

Dabei hat Bayern seinen Bergen eine vorbildliche Schutzzone verordnet. Der „Bayerische Alpenplan" definiert

Vorerst werden am Riedberger Horn keine Wälder gerodet, kein Fels gesprengt für eine Skischaukel.

drei Bereiche der erlaubten Erschließung. In Zone C, und dazu gehört das Riedberger Horn wegen seiner Birkhühner, geht gar nix!

Wie belastbar diese Regelung ist, wurde im Verlauf der Auseinandersetzungen überdeutlich. Gutachten wurden aufgefahren, die dem Skischaukelprojekt Vereinbarkeit mit dem Alpenschutzplan – und andere das Gegenteil – attestierten, Tauschgeschäfte von 80 Hektar am Riedberger Horn für die Skischaukel gegen 304 Hektar an den benachbarten Gipfeln Bleicherhorn und Hochschelpen für die Zone C wurden erwogen. Jede neue Wendung im Fall Riedberger Horn wurde von der Öffentlichkeit mit großem Hallo und Auweh begleitet. Naturschutzgebiete, so schien es bald, sind beliebig austauschbar.

Ein neuer Lift fürs Nebelhorn

Dass es nun doch nicht so gekommen ist und die Skischaukel vorerst ad acta gelegt wurde, ist der beharrlichen Arbeit von Bund Naturschutz (dem bayerischen Landesverband des BUND), Landesbund für Vogelschutz, und Deutschem Alpenverein (DAV) zu danken. Anderswo sind die Proteste nicht so erfolgreich. Auch gegen den Bau einer schnelleren Bergbahn aufs Nebelhorn gab es Widerstand. Aber selbst der engagierteste Umweltschützer konnte nicht umhin, anzuerkennen, dass Wartezeiten von über einer Stunde an der Bergbahn den Feriengästen nicht zuzumuten seien. Dass die Kapazität der alten Nebelhornbahn nicht mehr ausreichte, lag übrigens an jenem „Nordwandsteig“ und dem schicken Gipfelrestaurant, die seit Ende 2016 Besucher in Scharen anziehen. Wenn die neue Bahn voraussichtlich im Sommer 2021 eröffnet wird, werden nicht mehr „nur“ 600, sondern 1200 Gäste pro Stunde auf den Gipfel befördert.

Bleibt am Riedberger Horn alles beim Alten? Mitnichten. Ein neues Konfliktfeld hat sich aufgetan: Das Oberallgäuer Landratsamt genehmigte eine gigantische Beschneiungsanlage, mit der das Skigebiet Grasgehren modernisiert werden soll. Standort: Grasgehrenalp, unterhalb des Riedberger Horns, in einem Quellmoor-Biotop. Ja, pfiat Gott!

Zur Vertiefung: Ein Dorf in Bewegung

Ein Abstecher in den benachbarten Bregenzer Wald macht deutlich, welche Kräfte ein Murenabgang entfesselt. Die rund einstündige Wanderung „Georunde Rindberg“ bei Sibratsgfäll (25 km südlich von Oberstaufen) zeigt eindringlich Ablauf und Folgen eines Murenabgangs im Mai 1999.

www.bewegtenatur.at

Im Gebiet der Grasgehrenalp soll allerdings eine Beschneiungsanlage entstehen, deren riesiges Speicherbecken in ein Quellmoor gegraben wird, eines der wertvollsten Biotope der Allgäuer Alpen.

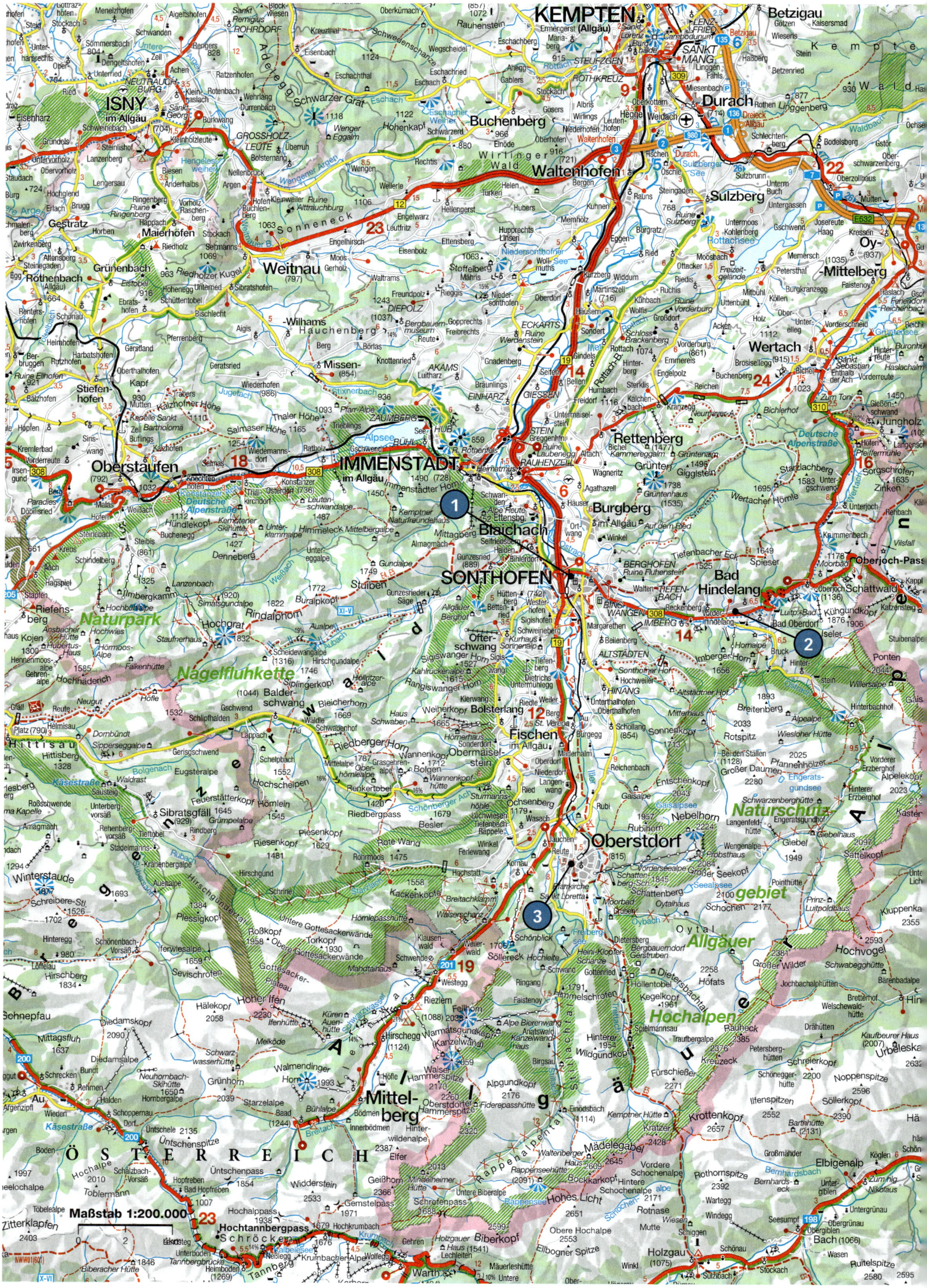

KEMPTEN (Allgäu)
Betzigau
ISNY im Allgäu
Buchenberg
Durach
Waltenhofen
Sulzberg
Weitnau
Oy-Mittelberg
Wertach
Oberstaufen
IMMENSTADT im Allgäu
Blaichach
Rettenberg
Burgberg
SONTHOFEN
Bad Hindelang
Oberjoch-Pass
Bad Oberdorf
Naturpark
Nagelfluhkette
Fischen im Allgäu
Obermaiselstein
Oberstdorf
Naturschutzgebiet
Allgäuer Hochalpen
Allgäuer Alpen
Hittisau
Riezlern
Hirschegg
Mittelberg
ÖSTERREICH
Hochtannbergpass
Schröcken
Warth
Holzgau
Bach
Maßstab 1:200.000

Hörner, Daumen und eine Exklave

Von Sonthofen aus führt das breite Tal der Iller zwischen den grasbestandenen Flyschhängen der Hörner und der von Dolomit geformten Daumengruppe auf die Allgäuer Hochalpen zu. Die verschiedenen geologischen Formationen und die vielfältige Flora und Fauna machen den besonderen Reiz des südlichen Oberallgäus aus.

1 Sonthofen

Wahrzeichen von Sonthofen (21 000 Einw.) sind zwei wuchtige Nachbarn: der markante Bergklotz des **Grünten** und die ebenso dominante Silhouette der **Ordensburg,** die 1934 als Ausbildungsstätte der NSDAP errichtet wurde und heute als Bundeswehrkaserne dient. Nach heftiger Bombardierung im Zweiten Weltkrieg zeigt Sonthofen dem Besucher ein vornehmlich modernes Ortsbild. Die neugotische Kirche St. Michael prunkt mit barocken Skulpturen der Kirchenväter aus der Werkstatt des Füssener Bildhauers Anton Sturm.

RESTAURANT

Neben den gängigen Allgäuer Spezialitäten umfasst die Speisekarte des **€€ Brauereigasthofs Hirsch** (Hirschstr. 2, Tel. 08321 6 72 80, https://brauereigasthof-hirsch.com; Di. geschl.) eine Vielzahl von Salaten.

Tipp

Wenn die Alpenrosen blühen

Ein Farbfeuerwerk aus Rosé- und Rottönen erwartet den Wanderer von Mitte Juni bis Mitte Juli auf dem **Grünten.** Die zur Gattung der Rhododendren zählenden Sträucher, die in Höhen zwischen 1000 und 2800 m wachsen, stehen dann in voller Blüte. Aber lassen Sie die Finger von den Schönen – Alpenrosen sind giftig!

Bei Sonthofen: Malerwinkel; Imkerei Jörg in Oberried; Schuh Keller in Kierwang

EINKAUFEN

Bei Schuh Keller in Bolsterlang-Kierwang (9 km südwestl.; Ortsstr. 21, www.keller-schuh.de) werden robuste traditionelle **Holz- und Fellschuhe** nach wie vor in Handarbeit gefertigt

UMGEBUNG

Ein postkartentaugliches Gebirgspanorama der Allgäuer Hochalpen genießen Wanderer vom **Malerwinkel** **TOPZIEL** zwischen Altstädten und Hinang. Vom Wanderparkplatz an der Hiranger Steige (5 km südl.) führt ein Rundweg (ca. 1 Std.) nach Süden sanft bergauf; wer mag, passiert mit einem kleinen Abstecher auch den **Hinanger Wasserfall**.

Drei Wandervarianten führen zum Ende des 19. Jh. aufgegebenen Bergdorf **Oberried** (5 km östl.), wo die Bienenvölker der Imkerei Jörg auf 1000 m Höhe feinsten Honig produzieren (Wegbeschreibung: https://alpenimkerei.de; je nach Ausgangspunkt und Kondition ist man zwischen 15 Min. und 1,5 Std. unterwegs.

„Wächter des Allgäus" nennen die Einheimischen den 1738 m hohen **Grünten** nordöstl. von Sonthofen. Angesichts des gebotenen Panoramas, von den Schweizer Alpen bis zur Zugspitze, kann man den Sendemast des Bayerischen Rundfunks, der den Gipfel verunstaltet, einfach ignorieren. Unter den vielen Wanderwegen auf den Grünten sei die leichte, aber Ausdauer fordernde Tour durch die wildromantische **Starzlachklamm** (www.starzlach-klamm.de; Eintritt) empfohlen. Ausgangspunkt ist der Wanderparkplatz Winkel bei Burgberg (3 km nördl.); die rund 1000 Höhenmeter sind hin und zurück in ca. 6 Std. zu bewältigen. Das **Grüntenhaus** (1535 m; www.gruentenhaus.de) unterhalb des Gipfels begründete 1852 Carl Hirnbein, dem das Allgäu den Umstieg vom Flachsanbau auf die Milch- und Käsewirtschaft verdankt. Fast 60 Jahre lang zählte das Skigebiet hier oben zu den beliebtesten im Allgäu; seit der Insolvenz der Liftbetreiber 2017 ist die Zukunft ungewiss.

INFORMATION

Rathausplatz 1, 87527 Sonthofen,
Tel. 08321 61 52 91, www.sonthofen.de

2 Bad Hindelang

Das „Bad" trägt die Marktgemeinde (5000 Einw.) erst seit 2002 im Namen. Der heilklimatische Kneippkurort bietet dem gesundheitsbewussten Gast in seinen Ortsteilen Bad Oberdorf und Oberjoch auch Mooranwendungen. Kur- und Wandertourismus gehen im beschaulichen Ostrachtal Hand in Hand.

SEHENSWERT

Obwohl das Ortsbild recht modern erscheint, finden sich zahlreiche Beispiele historischer Bauernarchitektur. Das **Jagdschloss** (17. Jh.; Marktstr. 9) der Augsburger Fürstbischöfe nutzt heute der Bürgermeister als Amtssitz. Faszinierende **Kunstobjekte** drechselt der 1971 in Hindelang geborene Christoph Finkel aus dem Holz der Bergwälder (Ausstellungsraum: Hauptstr. 16, Vorderhindelang, www.finkel-bowls.com; Mi.–Fr. 14.00–17.00 Uhr oder n. Vereinb.). Dem Ortsteil Oberdorf mit seinem Schwefelmoorbad erteilte Prinzregent Luitpold bereits 1900 die Erlaubnis, sich in **Bad Oberdorf** umzubenennen. Bei der Oberen Mühle findet sich ein kleines **Heimatmuseum** (s. Restaurants; tgl. 10.00–18.00 Uhr), das u. a. furchterregende Fasnachtslarven zeigt. Die erst 1938 errichtete, äußerlich völlig unauffällige Kirche **Mariä Himmelfahrt und St. Jodok** überrascht mit hochwertiger Ausstattung; der Flügelaltar von Jörg Lederer stammt von 1519, Hans Holbein d. Ä. steuerte eine feine Madonna (1493) bei.
Die Oberjochstraße benötigt 107 Kurven, um den Hindelanger Ortsteil **Oberjoch** (1136 m) zu erreichen. Unterwegs ist der Halt am spektakulären Aussichtspunkt Kanzel ein Muss! Oberjoch, das in den 1930er-Jahren als Wintersportort Karriere machte, gilt heute als wichtiger DSV-Stützpunkt und schneesicheres Skigebiet mit Bahnen am **Iseler** und am **Imberger Horn.** Dank dem Hochmoor **Kematsrieder Moos** entwickelte sich zudem Kurtourismus.

Tipp

Achtsam in die Schlucht

Canyoning erfreut sich immer größerer Beliebtheit – zum Leidwesen manches Naturschützers, dem die durch die Schluchten tobenden Funsportler ein Graus sind. Der Sonthofener Veranstalter Purelements hat sich Nachhaltigkeit auf die Fahnen geschrieben. Die Zahl der Teilnehmer wie die der täglichen Touren, etwa in die Starzlachklamm, ist stark beschränkt.

Burgweg 11 a, Sonthofen-Berghofen, www.purelements.de

Rappenseehütte bei Oberstdorf; Kirche Mariä Himmelfahrt und St. Jodok in Bad Hindelang

AKTIVITÄTEN

Geübte Klettersteiggeher haben ihre Freude am anspruchsvollen **Salewa-Klettersteig** (www.bergbahnen-hindelang-oberjoch.de). Von der Bergstation der Iselerbahn sind es 20 Min. bis zum Einstieg; Abschnitt I führt in ca. 2 Std. zum Gipfel des Iseler (1876 m).

RESTAURANTS

Ein gediegenes Lokal mit feiner Regionalküche und angeschlossener Schaukäserei verbirgt sich in der historischen **€€€ Oberen Mühle** (Ostrachstr. 40, Tel. 08324 28 57, www.oberemuehle.de; Mo., Di. geschl.).
Im **€€ Gasthaus zur Traube** (Am Sohler 14, Vorderhindelang, Tel. 08324 4 54) sitzt man bei schönem Wetter direkt am Dorfbach.

UNTERKUNFT

Das **€€€€ Hotel Prinz-Luitpold-Bad** in Bad Oberdorf (Andreas-Groß-Str. 7, Tel. 08324 89 00, www.luitpoldbad.de) verweist stolz auf 150 Jahre Tradition. Eine eigene Schwefelquelle speist Frei- und Hallenbad.

UMGEBUNG

Das **Ostrachtal** TOPZIEL mit dem hübschen Dorf Hinterstein (6 km südöstl.) war lange Zeit Mittelpunkt der Eisenverhüttung und -verarbeitung. Von ursprünglich 75 Hammerschmieden sind heute noch drei tätig; Besucher dürfen beim Schmieden zusehen, z. B. in der Oberen Hammerschmiede (Hornweg 3, Bad Oberdorf, www.hammerschmiede-scholl.de; Mo.–Fr. 10.00–12.00, 13.30–15.30 Uhr).

INFORMATION

Unterer Buigenweg 2, 87541 Bad Hindelang, Tel. 08324 89 20, www.badhindelang.de

3 Oberstdorf

Auch bei der Entwicklung von Oberstdorf (9500 Einw.) zum touristischen Mittelpunkt des Oberallgäus hatte Prinzregent Luitpold seine Finger im Spiel. Er unterstützte die Oberstdorfer durch den Bau einer Eisenbahnlinie; ab 1888 reisten Sommerfrischler mit dem Zug von Sonthofen in das von Nebelhorn, Fellhorn, Höfats und Mädelegabel umschlossene Hochtal. Heute zählt man jährlich 2,5 Mio. Übernachtungen. Neben Winter- und Wandertourismus locken Wellnessanbieter die Gäste – auch Oberstdorf ist heilklimatisches Kneippbad. Wichtig ist der Ort für den Eiskunstlauf; im Bundesleistungszentrum trainierten u. a. die deutschen Olympiasieger von 2018, Savchenko/Massot.

SEHENSWERT

Nach einem Brand neugotisch wiederaufgebaut, birgt die Pfarrkirche **St. Johannes der Täufer** mehrere gotische Kostbarkeiten wie die „Schöne Oberstdorferin", eine um 1490 entstandene Madonna. Im **Heimatmuseum** (Oststr. 13, www.heimatmuseum-oberstdorf.de; Di.–Sa. 10.00–12.00, 14.00–17.30 Uhr, bei Regen auch So.) dreht sich alles um die einst harten Lebensbedingungen der Oberstdorfer und die Entwicklung zum Fremdenverkehrsort.
Die Straße nach Birgsau säumen drei **Loreto-Kapellen** aus dem 15. bzw. 17. Jh.; sehenswert sind besonders die gotischen Fresken in der Appach-Kapelle (1493).

AKTIVITÄTEN

Oberstdorf erleben heißt ein Infoladen, der Tipps für außergewöhnliche Aktivitäten und besondere Events gibt (Marktstr. 4, www.oberstdorf-erleben.de; Mo.–Fr. 10.00–17.00 Uhr).
Bei Reichenbach (5 km nördl.) versteckt sich ein nostalgisches **Naturmoorschwimmbad** (Reichenbach 70, www.moorstueble.de; wetterabhängig etwa Juni–Sept. 10.00–19.00 Uhr).
Das Oberallgäu von oben erlebt man bei einem **Tandem-Gleitschirmflug** von der Mittelstation der Nebelhornbahn (Vogelfrei, Infobüro Nebelhornbahn, Nebelhornstr. 67 b, www.vogelfrei.de).

RESTAURANTS
Sie wollten schon immer im Blockhaus eines Prinzregenten speisen? Dann ist **€€€ Das Jagdhaus** (Ludwigstr. 13, Tel. 08322 98 73 80, www.das-jagdhaus.de) mit seiner feinen Traditionsküche genau das Richtige!
Bodenständiges erwartet Sie in Biergarten und Wirtsstube der **€€ Traube** (Hauptstr. 6, Tel. 08322 80 99 40, http://hotel-traube.de).
Ein Paradepanorama auf die Allgäuer Hochalpen eröffnet sich von der Terrasse des behäbigen **€€ Wirtshaus** (Reichenbach 8, Tel. 08326 79 23, www.daswirtshaus-allgaeu.de; Mi., Do. geschl.).

UNTERKUNFT
Modernes, geschmackvolles Ambiente sowie das individuelle Eingehen auf die Gäste zeichnen **€€€ Das Freiberg** (Freibergstr. 21, Tel. 08322 9 67 80, www.das-freiberg.de) aus. Und der Blick aufs Nebelhorn ist einfach toll!
Eine Kombination aus Hostel und schrillem Alpindesignhotel ist **€€/€€€ Zur glücklichen Kuh** (Roßbichlstr. 8, Tel. 01525 9 42 17 01, www.gluecklichekuh.de) mit originellen Zimmern.

UMGEBUNG
Eine 1,5-Std.-Wanderung führt über Dietersberg in das Museumsdorf **Gerstruben** TOPZIEL im Trettachtal. Bis Ende des 19. Jh. lebten Walser in dem abgeschiedenen Ort am Fuß der Höfats. Restaurierte Bauernhäuser und das Museum im Jakobe-Hüs (Mai–Okt. Do., Sa. 13.00–16.00 Uhr; www.gerstruben.de) lassen die Vergangenheit wiederaufleben. Als Variante für den Rückweg bietet sich trittsicheren Wanderern der Steig durch den imposanten **Hölltobel** an, den der Dietersbach ins Gestein gefräst hat.
Die **Breitachklamm** (7 km westl.; www.breitachklamm.com; Sommer 8.00–17.00, Winter 9.00 bis 16.00 Uhr, zur Schneeschmelze gesperrt) ist an einigen Stellen fast 100 m tief. In ca. 1 Std. kann man das rauschende Naturwunder erwandern; ein empfehlenswerter Rundweg führt in 1,5 Std. vom Gasthof Breitachklamm über Talkasse, Schlucht und Bergkasse, Zwingsteg und Dornachalpe zurück zum Ausgangspunkt.
In **Rohrmoos** (12 km westl.) steht mit der St.-Anna-Kapelle (1568) eine der ältesten noch erhaltenen Holzkirchen Europas.
Der charakteristischen Form ihrer Gipfel verdankt die westlich bis auf 1787 m ansteigende **Hörnergruppe** ihren Namen. Fischen, Balderschwang und Obermaiselstein sind die bekanntesten Orte am Fuß der Gebirgskette.
Die Allgäuer Hochalpen mit ihren Dolomitfelsgipfeln wie dem **Nebelhorn** TOPZIEL (2224 m) und steilen Grasbergen wie der **Höfats** (2259 m) stehen als Naturpark unter Schutz. Anspruchsvolle Bergtouren wie der berühmte **Hindelanger Klettersteig** vom Nebelhorn zum Daumen oder der **Heilbronner Weg** von der Rappenseehütte zur Kemptner Hütte erfordern Klettersteigausrüstung und Trittsicherheit. Bergbahnen erschließen u. a. Nebelhorn, Fellhorn, Kanzelwand und Hoher Ifen (www.ok-bergbahnen.de).

INFORMATION
Prinzregenten-Platz 1, 87561 Oberstdorf, Tel. 08322 70 00, www.oberstdorf.de

Genießen Erleben Erfahren

DuMont Aktiv

Das Jodeldiplom

Dass ein Jodelkurs bei Hedwig Roth so ausgeht wie der berühmte Sketch von Loriot, also mit einem schlappen Holleridudödeldi, ist nicht zu erwarten. Allein schon Hedwig Roths Präsenz und ihre überbordende Freude am Singen verbieten ein solches Geleiere von vornherein. Sie sei weder Musiklehrerein noch -therapeutin, betont die gelernte Krankenschwester aus Rettenberg, und doch hat ihr Unterricht neben dem Spaß an der Freud auch den Anspruch, etwas in den Teilnehmern in Bewegung zu setzen, zum Schwingen zu bringen.

Dafür müssen sie ihren Ton finden, also zum eigentlichen Wesen der Stimme vordringen. Und lernen, Kopf- und Brusttöne deutlich voneinander zu trennen. Die ersten Reaktionen im Jodelkurs auf der Grüntenhütte klingen nicht gerade ermutigend. Kaum jemand wagt sich so richtig raus mit der Stimme. Aber Hedwig Roth weiß die Leute zu ermutigen, die Stimme, ob laut oder leise, zu loben und zu weiteren Versuchen anzuspornen. Nach einer Stunde trauen sich alle – vom Jodeljuchzer mit dem typischen Knacken zwischen Brust- und Kopfton, dem Kehlkopfschlag, sind sie allerdings noch weit entfernt.

Nach der Mittagsjause wird's schließlich ernst. Hedwig Roth holt die Gitarre raus, jodelt vor und erwartet von jeder und jedem eine improvisierte Antwort. Erstaunlich, was da plötzlich aus Brust und Kehle dringt. Einen ganzen Jodler können sie plötzlich singen. Und wie frei sich die Teilnehmer fühlen. Ja, das Jodeln hat was.

Jodeln lernen

Hedwig Roth bietet Jodelkurse, Workshops und Freies Singen in verschiedenen Allgäuer Gemeinden an, oft auch auf Berghütten wie am Grünten; Termine unter **www.jodula-roth.com**. Dort finden sich auch Konzerte mit dem Musikprojekt Vuimera, bei dem sich das Jodeln als hoch meditative Kunst entpuppt.
Die CD „Raum Klang Alpen", aufgenommen in Allgäuer Kapellen, ist unter **www.vuimera.com** zu beziehen.

Vom Geheimnis des Wassers

Klöster und Kirchen schwelgen in Hochbarock, und die Städtchen an Iller und Mindel tragen malerische Gewänder aus Fachwerk und steilen Giebeln. Doch nichts prägt das Unterallgäu so sehr wie der überlange Schatten eines Mannes, für den Wasser das Lebenselixier war. Pfarrer Sebastian Kneipp und seine Kuren sind allgegenwärtig.

Blick vom Turm der Pfarrkirche St. Martin auf den Marktplatz von Memmingen mit prächtigem Renaissancerathaus

Repräsentatives Zentrum von Memmingen ist seit jeher der Marktplatz.

„Es ist einfach super, wenn im Allgäu mal was los ist und man andere Menschen sieht."

Besucher des Ikarus Festivals

Ein lauer Sommerabend in Memmingen: Zum kostenlosen Open-Air-Kino auf dem pittoresken Marktplatz rücken die Zuschauer mit dem halben Hausstand an. Sie schleppen Campingtischchen, Deckchen, Gläser und Sektkühler, Picknickkörbe und Blumenvasen, begrüßen Freunde, prosten sich zu. Auf der Leinwand flimmert passend „Willkommen bei den Hartmanns", eine deutsche Komödie um Flüchtlingsintegration.

Willkommen bei den Memmingern

Mit diesem Thema hat natürlich auch Memmingen zu schaffen. Die aus Afrika oder dem Nahen und Mittleren Osten stammenden Neubürger sind im Stadtbild nicht zu übersehen. Sie scheinen sich zwischen gotischem Fachwerk, Rokokotürmchen und malerischem Stadtbach so heimisch zu fühlen, wie es für Geflüchtete eben geht. Die Einbindung so vieler Menschen aus unterschiedlichsten Kulturen gelingt im kleinstädtischen Rahmen wohl besser als in der Großstadt. Auch am Open-Air-Kino nehmen die Zugewanderten teil, ohne Campingmöbel allerdings und eher als staunende Zaungäste. Die filmische wie reale Lektion in süddeutscher Leitkultur mag manche verwirren, ist aber auf jeden Fall entspannter als ein Integrationskurs.

Eine Stadt hebt ab

Seit der Entwicklung des Allgäu Airports zum Drehkreuz für Billigfluglinien hat sich das beschauliche Memmingen ohnehin internationalisiert. Das lange geschmähte Projekt vor den Toren der Stadt entpuppt sich als wirtschaftlicher Motor. Ein Hotelzimmer zu bekommen ist gar nicht so einfach, dasselbe gilt für einen Platz im Restaurant. Die halbe Welt ist unterwegs in Memmingen, von der chinesischen Reisegruppe auf dem Weg nach Neuschwanstein über schwedische Familien beim Zwischenstopp des Mallorcaflugs – bis hin zu ukrainischen Krankenschwestern; denn das Drehkreuz funktioniert nicht nur in Richtung Fernwehsüden, sondern auch als Einflugschneise und Umsteigestation für Arbeitsmigranten aus Osteuropa.

Ein Gestühl auf Reisen

Neben Memmingens Puppenstuben-Altstadt locken zwei große Attraktionen in unmittelbarer Nähe: die Abtei Ottobeuren und die Kartause Buxheim. Was einst mit deren Chorgestühl passiert ist, kann man kaum glauben. Nach der Säkularisierung hatte Graf Waldbott-Bassenheim das Kloster gekauft, sich damit aber übernommen; ihm drohte die Pleite. Rettung versprach der wertvollste „bewegliche" Besitz, das barocke

Beim Ikarus-Festival auf dem Gelände des ehemaligen Militärflugplatzes neben dem Allgäu Airport sind im Juni auf sechs Bühnen rund hundert 100 Künstler der Electro-Szene zu sehen und vor allem zu hören.

Dröhnende Beats und feiernde junge Leute zeichneten das Ikarus-Festival 2018 zum vierten Mal aus.

Zum Festival gehört neben gut gelauntem Konzertpublikum auch ein buntes Rahmenprogramm. Die Skala reicht von Yoga-Workshops bis zu Rundflügen über das Gelände.

Die Wallfahrtskirche Maria Steinbach in Legau gilt als eines der schönsten Beispiele des bayerisch-schwäbischen Rokokos. Sie entstand zwischen 1746 und 1754.

Oben: Votivtafeln in der Wallfahrtskirche Maria Steinbach
Unten: Als Wunderwerk der Schnitzkunst kann das Buxheimer Chorgestühl gelten.

Chorgestühl. Es ging also in München in die Versteigerung, tauchte in Holland auf und landete 1886 schließlich in England – erworben vom Direktor der Bank of England, der es den Schwestern des St. Saviour's Hospital in London schenkte. Deren Kapelle war allerdings zu klein dafür, und so ließen sie das Gestühl kurzerhand zersägen und schwarz lackiert einpassen. Man muss sich klarmachen, was Transport, Um- und Einbau des Gestühls damals bedeuteten: 200 Eichen hatten die Klosterbrüder im 17. Jahrhundert für die ursprünglich 36 Stallen (Sitze) auf dem klösterlichen Grundstück bei Memmingen fällen lassen – ein ungeheures Volumen und Gewicht. Die englischen Schwestern nah-

Das Chorgestühl der Kartause Buxheim landete 1886 in England.

men das Gestühl dennoch mit, als sie 1964 nach Hythe in der Grafschaft Kent umzogen. Die Schwester Oberin reiste eigens nach Buxheim, um sich ein Bild vom Mönchschor zu machen, in dem das Gestühl einst gestanden hatte. Entsprechend der originalen Anordnung ließ sie es dann in Hythe neu zusammensetzen und einbauen.

Als der Konvent in Hythe 1979 schließen musste, erhielt Buxheim ein Rückkaufangebot. Komplizierte Verhandlungen, Finanzierungszusagen, -absagen und langjährige Restaurierungsbemühungen folgten, bis das Buxheimer Gestühl im Mönchschor der Klosterkirche 1994 erneut geweiht werden konnte. Der Preis war übrigens von 42 100 Mark bei der Versteigerung 1883 (heute etwa 300 000 Euro) auf 450 000 Pfund (gut eine Million Euro) gestiegen.

Lust und Laster der Macht

Der wenige Kilometer entfernten Benediktinerabtei Ottobeuren blieb derlei erspart. Die meisten Mönche bewohnten den Konvent nach der Säkularisierung

Das Benediktinerkloster Ottobeuren wird als „Schwäbischer Escorial" gerühmt. An der Nordfassade der Klosterkirche steht über dem Hauptportal: „Haus Gottes und Pforte des Himmels".

An der prunkvollen Ausstattung der Basilika St. Alexander und Theodor arbeiteten bis 1766 herausragende Künstler aus dem süddeutschen Raum.

Klosterbibliothek Ottobeuren: Die Statue der Pallas Athene, Beschützerin des Hauswesens, schuf der Füssener Anton Sturm.

Die Kornstraße ist eine beliebte Flanier- und Einkaufsmeile in Mindelheim.

Moderner Gegenpol in Ottobeuren: Das Museum für Zeitgenössische Kunst zeigt wechselnde Ausstellungen.

Volksmärchen

Special

Türkheims Sieben Schwaben

„Nach etlichen Tagen trug sie ihr Weg durch ein Brachfeld, da saß ein Hase in der Sonne und schlief … Da erschraken sie bei dem Anblick des grausamen und wilden Tieres insgesamt und hielten Rat, was zu tun das wenigst Gefährliche wäre.“

Mit Sicherheit gibt es mehr Versionen der Sage von den Sieben Schwaben, als die legendäre Vereinigung Mitglieder hatte. Wer sich als Erster die Geschichte von Schulz, Jackli, Marli, Jergli, Michal, Hans und Veitli ausdachte, die – weder mit Schlauheit noch Mut gesegnet – diverse Abenteuer bestehen, liegt im Dunkeln der Geschichte. Erste Erwähnungen der schwäbischen Kleingeister datieren aus dem 16. Jahrhundert. Berühmt wurden sie durch die Aufnahme sowohl in die Grimm'sche als auch die Bechstein'sche Märchensammlung.

In Türkheim stolpert man auf Schritt und Tritt über die Sieben Schwaben. Brunnen und Denkmal, sogar ein Museum brachte der 7000-Seelen-Ort für sie zustande. Und das alles, weil Ludwig Aurbacher, dem die bekannteste Version des Märchens zu danken ist, 1784 in Türkheim das Licht der Welt erblickte. Wo? Natürlich im hübsch renovierten „Siebenschwabenhaus“. Die Gemeinde erwies sich übrigens als deutlich schlauer als ihre legendären „Söhne“ und ließ sich den Begriff „Sieben Schwaben“ patentrechtlich schützen.

Sieben-Schwaben-Brunnen in Türkheim

1802 weiter und durften bereits 1834 zur klösterlichen Routine zurückkehren. Verwehrt blieb es den Äbten allerdings fürderhin, „weltliche Herrscher in ihrem kleinen, historisch gewachsenen … Territorium“ zu sein, wie es die Homepage des Klosters formuliert. Viele Jahrhunderte hatten die Mönche diese Funktion mit großer Liebe zum Prunk ausgefüllt – die Repräsentationsräume der Abtei sprechen für sich. Beim Theatersaal, der Bibliothek und, als Höhepunkt, dem Kaisersaal wurde unter dem Fresko Karls des Großen an nichts gespart. Nicht ohne Grund heißt Ottobeuren das „schwäbische Escorial“. In einem Atemzug mit dem legendären spanischen Königsklosterpalast genannt zu werden, das will auch heute noch etwas heißen.

Könige förderten den Konvent auch fürderhin. Ludwig I. setzte seinen ganzen Einfluss dafür ein, die durch die Säkularisierung eines Teilbestands beraubte Bibliotheca Ottenburana wieder zu komplettieren. Zwar war der barocke Büchertempel 1802 versiegelt worden, um gierige Finger fernzuhalten, aber einige bedeutende Werke fanden doch auf diesem oder jenem Wege neue Besitzer. 1842 verfügte der König, „dass die Klosterbibliothek von Ottobeuren in ihrer Integrität und Geschlossenheit erhalten werde und dem Kloster Ottobeuren

Die Kuroase im Kloster in Bad Wörishofen ist ein Gesundheitshotel, das Erholung für Körper, Geist und Seele bietet.

„Ein Hauptübel unserer Zeit ist die Beschuhung."

Sebastian Kneipp

belassen bleibe." So bewundern wir sie heute noch in ihrer barocken Schönheit und Vollständigkeit, mit 15000 Bänden, 457 Inkunabeln, mittelalterlichen Schriften und dem Stuckwerk des genialen Johann Baptist Zimmermann.

Die fünf Säulen der Gesundheit

Wenige Kilometer entfernt von der Abtei, im Weiler Stephansried, wurde am 17. Mai 1821 Sebastian Kneipp geboren und am Tag darauf in der Basilika getauft. Die Erkenntnisse, die sich auf seinem Lebensweg zwischen Ottobeuren, Dillingen und Bad Wörishofen zu seinem berühmten Fünf-Säulen-Konzept verdichteten, sind im Kneipp-Aktiv-Park hinter dem Kloster sinnlich fassbar umgesetzt. Wasser, Bewegung, Ernährung, Heilpflanzen und Lebensgleichgewicht machen im Kneipp'schen Kosmos einen gesunden Menschen aus. Seine Theorie reichte weit über Wasseranwendungen hinaus; er sah Wohlergehen sehr modern als Harmonie physischer und psychischer Komponenten. „Erst als ich Ordnung in die Seelen der Menschen brachte, besserten sich auch die körperlichen Gebrechen", soll er gesagt haben. Deshalb darf im Kneipp-Aktiv-Park auch ein Meditationsgarten nicht fehlen. Hier, so nah am Kloster, speist er sich aus der christlichen Symbolik des Rosenkranzes.

Karibikfeeling im Unterallgäu

In Bad Wörishofen, wo Sebastian Kneipp als kaum dreißigjähriger Kaplan die durch die Säkularisierung aufgescheuchten Dominikanerinnen zur klösterlichen Besinnung zurücklenken sollte und nebenher seine Lehre entwickelte, hält man sich stattdessen an die fernöstliche Lehre des Yin und Yang. Bambus und Steinschale empfangen den Besucher der „Insel der Seligen", ein chinesischer Garten mit Rotahorn und kunstvoll beschnittenem Buchs. Natürlich bietet der Kurpark auch Installationen für Armbäder und Wassertreten. Besonderen Spaß macht der Barfußpfad, auf dem die Sohle den Boden entdeckt. Mal kribbelt es, dann ist der Weg kantig und kratzig, zwischendurch matscht man ein bisschen und trocknet dann seine Füße auf duftender Rinde.

Doch für einen modernen Kurort ist es mit den traditionellen Elementen der Kneipp'schen Lehre nicht getan. Es gilt gegen starke Konkurrenz zu bestehen, und das mag vorerst mit der hippen Therme gelingen. Wettergeschützt unter Glas und atmosphärisch durch echte Palmen und Sandstrand in die Karibik versetzt, benötigt der Gast eigentlich nur noch einen Mojito, und das Fünf-Säulen-Gleichgewicht materialisiert sich – ganz ohne Wassertreten.

In Bad Wörishofen änderte sich alles, als 1855 der junge Pfarrer Kneipp hierher kam – links oben ein Denkmal in seinem Geburtsort Stephansried.

In seiner Zeit in Bad Wörishofen entwickelte Sebastian Kneipp sein ganzheitliches Konzept einer gesunden Lebensführung. Dazu gehört auch die Heilkraft von kaltem Wasser.

Die Pflanzenheilkunde war ein weiteres wesentliches Element des Kneipp'schen Gesundheitsprogramms. So findet sich im gepflegten Kurpark von Bad Wörishofen auch ein Heilkräutergarten.

Die besten Wellnessanwendungen

Nicht nur kaltes Wasser

Naturheilkunde im Allgäu? Wer denkt da nicht an Pfarrer Kneipp! Ihm verdankt die Welt die Kenntnis der heilsamen Wirkung von Wasser. Damit hat er die Original-Allgäu-Wellness erfunden. Darüber hinaus locken im Allgäu viele andere Anwendungen zur Entspannung. Bleibt nur die Qual der Wohlfühlwahl.

8

6

1 Der Klassiker

Eigentlich ein Wunder, dass diese Therapie in Zeiten von Hot Stone und Lomi Lomi überlebt hat. Wahrscheinlich weil sie so einfach ist. „Kaltes Wasser heilt", sagte Pfarrer Kneipp. In Bad Wörishofen, wo er wirkte, verfügen nicht nur die meisten großen Hotels über eigene Kneippanlagen, nein, im Ort sind 23 Anlagen frei zugänglich, etwa im hübschen Kurpark. Einen kitzelig-kratzigen Barfußweg gibt es da übrigens auch!

Kneippkur: 86825 Bad Wörishofen, www.bad-woerishofen.de

2 Aus dem Orient in die Welt

Moorbäder, man glaubt es kaum, fanden ihren Weg über Napoleons Ägyptenfeldzug nach Süddeutschland. Im Orient waren sie lange vor unserer Zeit bekannt. Im Westallgäu traf die Methode auf offene Ohren, denn an Moor herrscht vor allem um das hübsche Bad Wurzach kein Mangel. Den Bädern werden schmerzstillende und entzündungshemmende Eigenschaften nachgesagt, schließlich sind im Wasser Mineralstoffe aus jahrhundertealten Verfallsprozessen verschiedenster Pflanzen gelöst. Und weil man nach so einem Bad recht lustig aussieht, gibt's ein Erinnerungsfoto obendrauf.

Moorbad im Zuber (nach Voranm.): z. B. im Kurhotel am Reischberg, Karl-Wilhelm-Heck-Str. 12, 88410 Bad Wurzach, Tel. 07564 30 40, www.kurhotel-am-reischberg.de;
oder in der Vitalium-Therme, Karl-Wilhelm-Heck-Str. 8, 88410 Bad Wurzach, Tel. 07564 30 42 50, www.vitalium-therme.de

3 Heilende Kraft des Steins

Wer hat's erfunden? Die alten Römer! (Unter anderem.) Die Allgäuer haben sich für das Dampfbad dann noch eine besondere Variante ausgedacht. Dabei wird der Dampf nicht diskret durch Leitungen in den Schwitzraum geleitet, vielmehr erhitzt der Bademeister Steine und legt sie zur Abkühlung in ein Wasserbecken. Die aufsteigenden Schwaden sind mit Mineralien aus den Tiefen der Erde angereichert, mit Kräften also, die kein römischer Dampf der Welt beinhaltet.

Steinbad: z. B. im Wonnemar, Stadionweg 5, 87527 Sonthofen, Tel. 08321 78 09 70, www.wonnemar.de/sonthofen/

4 Mit Kräutern und Milch

Königin Kleopatra schwor auf Eselsmilch. Im Hotel Tanneck hingegen wissen die guten Wellnessgeister, die Milch-, Molke- oder Sahnebäder für entspannungsbedürftige Gäste zubereiten, dass nichts über Kuhprodukte von der Alp geht. Ergänzt werden Fuß- und Vollbäder durch aromatische Kräuter, die Waltraud Bächle-Waibel mit magischer Hand sammelt und trocknet. Ergebnis ihrer Fürsorge: samtweiche Haut und gute Laune.

Kräuterstempelmassage und Milchanwendungen: Allgäuhotel Tanneck, Maderhalm 20, 87538 Fischen im Allgäu, Tel. 08326 99 90, www.hotel-tanneck.de

5 Schroth und Korn

Über Sinn und Zweck der von Johann Schroth Anfang des 19. Jahrhunderts entwickelten Fastenkur lässt sich vorzüglich streiten – das galt schon damals, als Schroth mal als Heilsbringer verehrt, mal als Kurpfuscher beschimpft wurde. Dann kam die Detox-Bewegung, und der alte Schroth war plötzlich wieder angesagt. Denn für die Entgiftung des Körpers leisten das modifizierte Fasten und Detox-Packungen Erstaunliches.

Schrothkur: z. B. in Haubers Naturresort, Meerau 34, 87534 Oberstaufen, Tel. 08386 9 33 05, www.haubers.de

6 Entspannen wie ein Kaiser

Überliefert ist es nicht, dass Kaisers bevorzugt in frischer Allgäuer Alpenmilch, kombiniert mit ätherischen Ölen, Blüten und Kräutern von den Alpen, gebadet hätten. Wenn überhaupt, dann Kaiserinnen. Aber das Kaiserbad hat auf jeden Fall Tradition, erst recht wenn Mann oder Frau (oder beide) es bei Kerzenschein in einer massiven Wanne aus Glockenbronze einnehmen – und draußen leise der Wald rauscht

Kaiserbad: z. B. im Hotel Oberstdorf, Reute 20, 87561 Oberstdorf, Tel. 08322 94 07 70, www.hotel-oberstdorf.de

7 Sauna Light

Auf den ersten Blick gleicht das Brechelbad einer Sauna. Allerdings duftet es nach Tannenzweigen und Kräutern, die den Boden bedecken und in einem Korb unter der Decke ihre Aromastoffe verströmen. Die Temperatur ist angenehm und steigt selten über 60 °C. Früher trockneten die Allgäuer so Hanf und Flachs, um sie leichter brechen zu können – daher der Name –, bis dann jemand die wohltuende Wirkung dieser Alpentrockensauna erkannte.

Brechelbad (Allgäuer Trocken- bzw. Bauernsauna): z. B. im Hotel Sonnenbichl, Sägestr. 19, 87538 Fischen-Langenwang, Tel. 08326 99 40, www.hotel-sonnenbichl.com

8 Ein Bett im Heu

Darunter kann man sich so einiges vorstellen: übermütige Knechte und Mägde bei verbotenen Spielen … Aber nein, Sie sollen sich im Heubett einfach nur entspannen, tief einatmen, die Aromastoffe und ätherischen Öle der Wiesenkräuter auf sich wirken lassen und die entschlackende Wirkung spüren. Am besten Sie schlafen eine Runde. Für lustvolle Spiele ist später auch noch Zeit.

Heubett: z. B. in Schüle's Gesundheitsresort, Ludwigstr. 37–41 a, 87561 Oberstdorf, Tel. 08322 70 10, www.schueles.com

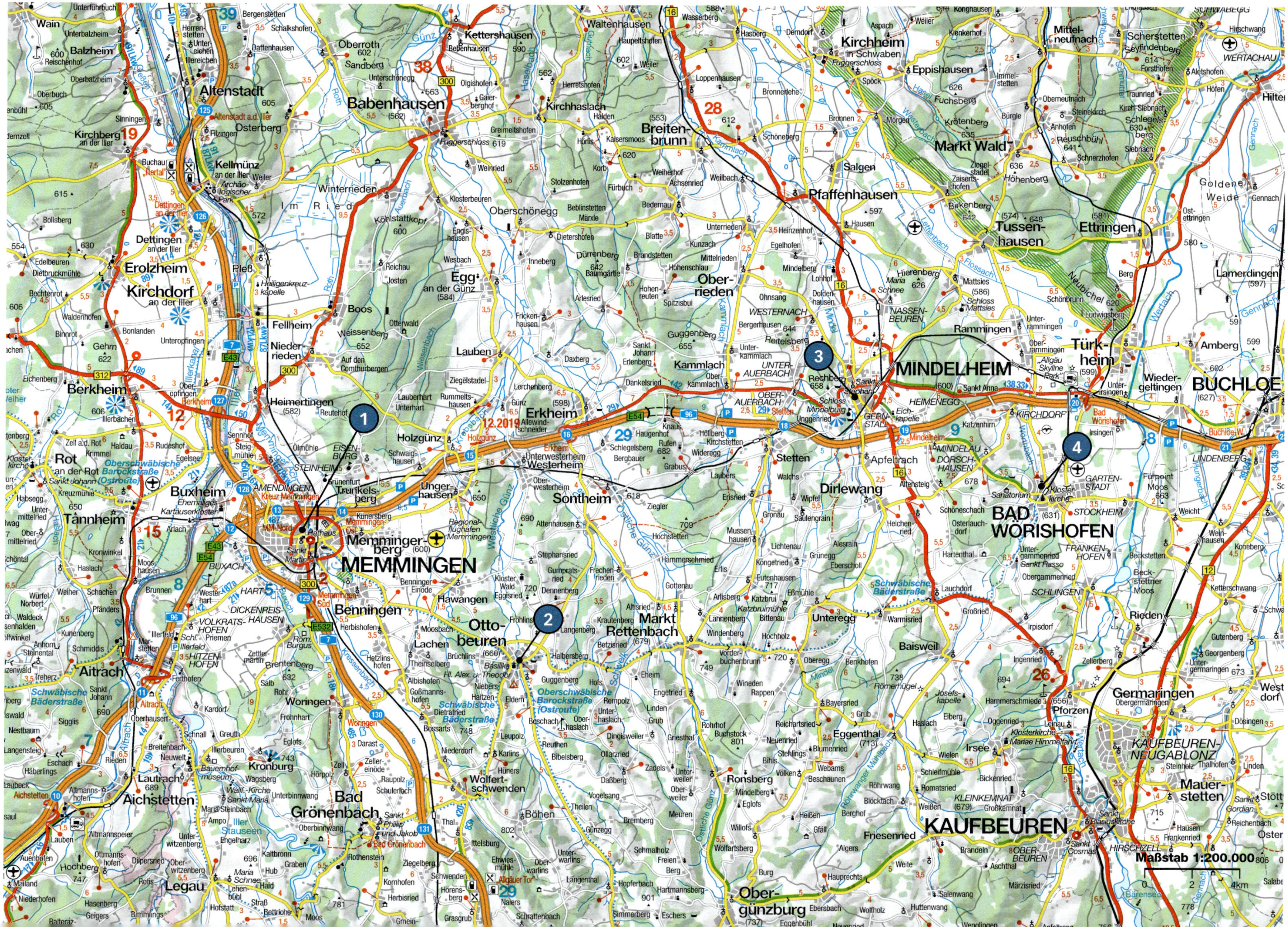

MEMMINGEN
MINDELHEIM
BAD WÖRISHOFEN
KAUFBEUREN
BUCHLOE
Babenhausen
Altenstadt
Kirchberg an der Iller
Kellmünz an der Iller
Kirchdorf an der Iller
Erolzheim
Dettingen an der Iller
Berkheim
Rot an der Rot
Tannheim
Buxheim
Aitrach
Legau
Aichstetten
Lautrach
Kronburg
Woringen
Bad Grönenbach
Wolfertschwenden
Benningen
Ottobeuren
Hawangen
Markt Rettenbach
Sontheim
Erkheim
Holzgünz
Ungerhausen
Westerheim
Lauben
Egg an der Günz
Boos
Fellheim
Niederrieden
Heimertingen
Winterrieden
Oberschönegg
Kettershausen
Kirchhaslach
Breitenbrunn
Pfaffenhausen
Salgen
Kirchheim in Schwaben
Eppishausen
Markt Wald
Tussenhausen
Ettringen
Türkheim
Wiedergeltingen
Amberg
Rammingen
Oberrieden
Kammlach
Stetten
Dirlewang
Apfeltrach
Unteregg
Baisweil
Eggenthal
Irsee
Ronsberg
Obergünzburg
Germaringen
Pforzen
Mauerstetten
Kaufbeuren-Neugablonz
Oberschwäbische Barockstraße (Ostroute)
Schwäbische Bäderstraße
Memminger-berg
Maßstab 1:200.000
0 2 4km
1
2
3
4

Fachwerk, Barock und Pfarrer Kneipp

Die sanft gewellte Landschaft des Unterallgäus ist ein ideales Radrevier. Größere Steigungen sind selten, dafür locken alle paar Kilometer reizende Dörfer und Fachwerkstädtchen zur Rast. Kunsthistorische Höhepunkte bilden die beiden Klöster Buxheim und Ottobeuren. Bad Wörishofen steht für Wellness und Kneippkur.

1 Memmingen

Die Stadt (43 000 Einw.) an der Iller ist eines der wichtigsten Verwaltungs- und Wirtschaftszentren des Allgäus und durch den Allgäu Airport bedeutendes Drehkreuz mehrerer Billigairlines. Die Wurzeln der einstigen freien Reichsstadt gehen bis ins 12. Jh. zurück, als Herzog Welf VI. eine Burg zum Schutz der Salzstraße errichtete. Im Schwäbischen Bauernkrieg stellte sich Memmingen auf die Seite der aufständischen Bauern. Im Dreißigjährigen Krieg musste es sowohl die Katholischen unter Wallenstein (1630) als auch zwei Jahre später das protestantische Heer unter König Gustav Adolf II. von Schweden beherbergen.

SEHENSWERT

In der wunderbar erhaltenen **Altstadt** beherrscht das prunkvolle **Renaissancerathaus,** dessen Fassade im 18. Jh. im Rokokostil ausgeschmückt wurde, den Marktplatz. Zur Seite gestellt sind ihm das **Steuerhaus** (1495) mit schattigen Arkaden und rechts die **Großzunft** (1719), in der die städtischen Patrizier tagten. An Markttagen (Di., Sa.), geht es hier besonders lebhaft zu. Wenige Schritte weiter beherrscht die evangelische Basilika **St. Martin** mit ihrem 66 m hohen Turm die schmale Zangmeisterstraße (https://stmartin-memmingen.de; Mai–Sept. tgl. 10.00–17.00, Turmführung 15.00 Uhr). Nach über hundertjähriger Bauzeit um 1500 fertiggestellt, wurde die hochgotische Innenausstattung im Zuge des protestantischen Bildersturms 1531 fast völlig zerstört. Nur das wunderbar gearbeitete Chorgestühl, mit 22 Porträts Memminger Bürger an den Stuhlwangen, überstand das Wüten. Interessant sind auch die erhaltenen Fresken; einige stammen von der Memminger Künstlerdynastie Strigel. Bernhard Strigel, Hofmaler Kaiser Maximilians I., schuf 1524 auch die farbenfrohe Umrahmung der Turmuhr. Prächtige Häuser der elf Memminger Zünfte säumen **Roß-** und **Weinmarkt.** Zierfachwerk schmückt das Haus der Weberzunft; im roten Haus der Kramerzunft verfassten die Anführer des Bauernaufstands 1525 ihre „Zwölf Artikel“, eine frühe Menschenrechtscharta. Sehenswert ist auch das „Siebendächerhaus“ der Gerberzunft am **Schrannenplatz** im südlichen Altstadtbereich mit seinem steilen, gestuften Giebel und Fachwerkschmuck.

Memmingen: Marktplatz; Kirchturm von St. Martin; Blick vom Kirchturm

Der **Stadtbach** durch- und unterquert die Altstadt von Nord nach Süd und schafft idyllische Ecken und Plätze für Cafés und Restaurants. Am Fischertag (s. S. 118) wird er unter lebhafter Teilnahme der Bevölkerung leergefischt.
Von der ursprünglich 3 km langen **Stadtmauer** mit 32 Türmen und Toren stehen nur noch Teilstücke hinter dem Rathaus und dem Westertor; dieses und vier weitere erhaltene Tore sind Zeugnisse der einst imposanten Befestigung

RESTAURANTS

Wenn's allgäuerisch sein soll, speist man hervorragend im **€€ Klösterle** (Im Klösterle 1, Tel. 08331 49 76 00, www.kloesterle-memmingen.de; So.–Di. geschl.).
Zum Ausflug nach Sardinien lädt das **€€€ Pasta Fresca** (Krautstr. 6, Tel. 08331 49 55 72, www.pasta-fresca-doro.de; So.–Di. geschl.) mit kleinem Garten und selbst gemachter Pasta.

UNTERKUNFT

Am lebhaften Puls der Altstadt wohnt man im Hotel **€€€ Weißes Ross** (Salzstr. 12, Tel. 08331 93 60, www.hotelweissesross.de) mit modern eingerichteten Zimmern und gutem Frühstück.

UMGEBUNG

Das ehemalige Kartäuserkloster **Buxheim TOP-ZIEL** (6 km nordwestl.) birgt ein Kunstwerk von besonderem Wert. Das hochbarocke Chorgestühl des im 13. Jh. gegründeten Stifts hat eine wahre Odyssee hinter sich (s. S. 68). Zum Bewundern der vielen kunstvoll geschnitzten Heiligen, Kirchenväter, Dämonen sollte man sich Zeit nehmen; der Tiroler Ignaz Waibel hat von 1684 bis 1689 an diesem Meisterwerk gearbeitet. Auch die Kartausenkirche **St. Maria** – durch den großen Kreuzgang in zwei Bereiche geteilt – verdient Aufmerksamkeit. Johann Baptist und Dominikus Zimmermann, die Meister des oberbayerischen Barock, stuckierten und freskierten das Gotteshaus 1680–1712. Dominikus gestaltete außerdem die **St.-Anna-Kapelle** im Kreuzgang mit verspielter Rokokoluftigkeit.

Geradezu rauschhaft ausgestattet ist die über dem Westufer der Iller thronende Wallfahrtskirche **Maria Steinbach** (15 km südl.). Johann Georg Üblher aus Wessobrunn besorgte Stuck und Altäre. Ungewöhnlich sind die Posen der Putten, die das Gnadenbild einrahmen: Plärr- und Protzengele.

INFORMATION
Marktplatz 3, 87700 Memmingen,
Tel. 08331 85 01 72, www.memmingen.de

2 Ottobeuren

Ottobeurens Attraktion ist das gleichnamige Stift, dessen 230 m lange Anlage (Klosterlängsseite und Kirche) den Ort (7100 Einw.) beherrscht. Gegründet wurde es Legenden zufolge 764; Karl der Große gilt als Förderer. Der Konvent entwickelte sich zum bedeutenden geistigen Zentrum, wurde im 10. Jh. Reichsabtei und erlebte zu Beginn des 18. Jh. seine größte Blüte. In diese Zeit fällt auch der Neubau der Klosteranlage. 1802 säkularisiert, wurde es 1918 wieder selbständige Abtei.

SEHENSWERT
Die prunkvolle Visitenkarte der **Benediktinerabtei Ottobeuren** TOPZIEL (https://abtei-ottobeuren.de) bildet die Basilika **St. Theodor und Alexander** (tgl. 9.00–19.00, Nov.–April bis 17.00 Uhr). Von 1727 bis 1766 dauerten die Bauarbeiten, an denen der damals berühmteste Architekt Süddeutschlands, Johann Michael Fischer, maßgeblich beteiligt war. Prominent waren auch Freskanten, Stuckateure und Bildhauer: Johann Michael Feuchtmayer d. J. steuerte den Rocaillestuck bei, die Tiroler Brüder Johann Jakob und Franz Anton Zeller die Fresken; der Figurenschmuck an Altären und Chorgestühl stammt großteils von Johann Joseph Christian. Von hohem Wert sind die beiden Barockorgeln von Karl Joseph Riepp (1710–1775). In den ehemaligen Repräsentationsräumen des Reichsabts zeigt das **Klostermuseum** (Palmsonntag–Allerheiligen und Weihnachtsferien tgl. 10.00–12.00, 14.00–17.00 Uhr) Kunstschätze in hochbarock ausgestatteten Räumen, darunter die **Klosterbibliothek** mit 15 000 Bänden aus dem 16. bis 18. Jh.
Im reizvollen Kontrast zum barocken Kloster steht der moderne Bau des **Museums für zeitgenössische Kunst** (Marktplatz 14 a, www.mzk-diku.de; April–Mitte Nov. Di.–Fr. 10.00–16.00, Sa., So. 12.00–17.00 Uhr, sonst nur Do.–So.).

Tipp

Edles Holz für kleine Leute

Von namhaften Designern entworfenes **Holzspielzeug,** Möbel und Rodelschlitten kommen von der Firma Sirch. Auch todschicke Puppenstuben haben die Böhener im Programm. Zu sehen gibt es die Produkte online, kaufen können Sie nach telefonischer Voranmeldung auch vor Ort. Oder Sie stöbern im charmanten Kinderladen „Glücksbär" in Memmingen, der Sirch-Spielzeug führt.

Sirch: Waldmühle 5, Böhen,
Tel. 08338 4 88, www.sirch.de;
Glücksbär: Kalchstr. 7, Memmingen,
Tel. 08331 9 26 67 73,
www.gluecksbaer-mm.de

Kurpark Bad Wörishofen; Zedernsaal im Fuggerschloss Kirchheim; Lindenallee bei Mindelheim

VERANSTALTUNG
Bei den **Ottobeurer Konzerten** (www.ottobeuren.de; Mai–Sept.) bilden Basilika und Kaisersaal den würdigen Rahmen für klassischen Musikgenuss.

AKTIVITÄTEN
Wer den Rummel in Bad Wörishofen scheut, findet im hiesigen **Kneipp-Aktiv-Park** eine ebenso angenehme wie hübsche Anlage und viel Ruhe, die Anwendungen auszuprobieren.

UNTERKUNFT/RESTAURANT
Im Herzen von Ottobeuren, mit Blick auf die Basilika, serviert das €€€ **Hotel Hirsch** (Marktplatz 12, Tel. 08332 79 67 70, www.hirsch-ottobeuren.de) gute regionale Küche und empfiehlt sich auch für einen Übernachtungsstopp.

INFORMATION
Marktplatz 14, 87724 Ottobeuren,
Tel. 08332 92 19 50, www.ottobeuren.de

3 Mindelheim

Die Siedlung ist ab dem 7. Jh. bezeugt und erhielt 1256 Stadtrechte. Wechselnde Herren bestimmten die Geschicke der Stadt (14 300 Einw.) an der nördlichen Salzstraße, nachdrücklich vor allem jene von Frundsberg ab Mitte des 15. Jh.

SEHENSWERT
Auf der **Mindelburg** gewinnt man von oben einen guten Überblick über die Stadtanlage. (Die Räume werden gewerblich genutzt und sind nicht zu besichtigen.)
Die Maximilianstraße verbindet das aus dem 13. Jh. stammende, um 1500 aufgestockte **Obere Tor** mit dem **Unteren Tor** im Westen. Den Mittelpunkt der Altstadt bildet der **Marienplatz** mit dem Rathaus, dessen Neorenaissancefassade vom Ende des 19. Jh. stammt. 1903 wurde ihm ein bronzener Georg von Frundsberg aufgesetzt. Zarter Barockstuck in Pastelltönen schmückt die Kirche **Mariä Verkündigung** am Unteren Tor.

VERANSTALTUNG
Georg von Frundsberg, den „Vater der Landsknechte", feiern die Mindelheimer alle drei Jahre mit dem großen historischen **Frundsbergfest** (www.frundsbergfest.de; Ende Juni/Anf. Juli, nächster Termin 2021).

RESTAURANT
Im Biergarten des €€ **Weberhaus** (Mühlgasse 1, Tel. 08261 73 72 72; Mo., Di. geschl.) sitzt man hübsch mit Blick auf Stadtbach und Unteres Tor.

UMGEBUNG
Ab dem 16. Jh. bezeugt, gilt die **Katzbrui-Mühle** (12 km südwestl.; Katzbrui 7, Apfeltrach, Tel. 08269 5 75; tgl. 11.00–22.00 Uhr) als älteste noch funktionsfähige Wassermühle Bayerns. Mit Biergarten und uralten Gaststuben zählt sie zu den beliebten Ausflugszielen im Unterallgäu. **Kirchheim** (17 km nördl.) wird vom für Hans Fugger erbauten Sommerschloss (16. Jh.; www.fuggerschlosskonzerte.com; tgl. 9.00–12.00, 14.00–17.00 Uhr) mit seinem berühmten Zedernsaal beherrscht. 1585 schuf der Augsburger Wendel Dietrich die kunstvolle Kassettendecke aus verschiedensten Hölzern.

INFORMATION
Maximilianstr. 26, 87719 Mindelheim,
Tel. 08261 99 15 20, www.mindelheim.de

④ Bad Wörishofen

Der beliebte Kurort (15 000 Einw.) verdankt seine steile Karriere einem jungen Geistlichen. 1855 wurde Sebastian Kneipp (1821–1897) an das hiesige Dominikanerinnenkloster berufen, um der Ordensgemeinschaft neuen Schwung zu geben – was er auch energisch tat. Schon bald zog er zudem mit den von ihm entwickelten Wasseranwendungen Heilung Suchende an. Seit 1920 ist Wörishofen Kurbad; seit 2015 zählt das „Kneippen" zum immateriellen Kulturerbe der UNESCO.

SEHENSWERT
Das Kloster, in dem alles begann, dient heute als Hotel (s. u.). In einem Seitenflügel informiert das **Sebastian-Kneipp-Museum** (Klosterhof 1, www.kneippmuseum.de; Feb.–Mitte Nov. Di.–So. 15.00–18.00, Mi. auch 10.00–13.00 Uhr) über Biografie und Heilmethoden des Pfarrers. Die Klosterkirche **Maria Königin der Engel** glänzt in Stuck und Fresken der Brüder Dominikus und Johann Baptist Zimmermann.
Das **Alte Badehaus** und die **Wandelhalle** mit der Kanzel, von der Kneipp bei den Anwendungen predigte, stehen in der Promenadenstraße.

AKTIVITÄTEN
Im **Kurpark** können sich Besucher bei Arm- und Fußbädern, auf dem Barfußweg und im Aromagarten von der Heilkraft der Kneipp'schen Anwendungen überzeugen. Das **Gradierwerk** hilft mit Natursole auf Schlehdornreisigbündeln bei Erkrankungen der Atemwege (April–Okt.).

UNTERKUNFT
Den Gästen der **€€€ Kuroase im Kloster** (Klosterhof 1, Tel. 08247 9 62 30, www.kuroase-im-kloster.de) ist der Zugang zum historischen Kreuzgang und Kräutergarten vorbehalten.

RESTAURANT
Das **€€€€ Calla** im Steigenberger Hotel (Hermann-Aust-Str. 11, Tel. 08247 95 90, www.spahotel-sonnenhof.de; Mo., Di. geschl.) vermählt asiatische und europäische Küche auf höchstem Niveau – für einen besonderen Abend.

UMGEBUNG
Türkheim (8 km nordöstl.) steht ganz im Zeichen der Sieben Schwaben. Als Figuren zieren sie den Brunnen vor dem Rathaus; das Sieben-Schwaben-Museum (Maximilian-Philipp-Str. 32; 1. So. im Monat 14.00–17.00 Uhr, Mai, Okt. 2. So. im Monat) hütet den Nachlass von Ludwig Aurbacher. In dessen Geburtshaus findet sich heute eine Kunsthandwerksgalerie (M.-Philipp-Str. 26; www.siebenschwabenhaus.de).

INFORMATION
Kurhaus, Luitpold-Leusser-Platz 2,
86825 Bad Wörishofen, Tel. 08247 99 33 56,
www.bad-woerishofen.de

Genießen Erleben Erfahren

DuMont Aktiv

Im Fahrradsattel zur Märchenmühle

Beim Radeln durch die Hügellandschaft südlich von Bad Wörishofen sind Sie meist auf Rad- und Waldwegen unterwegs. Trotzdem sollten Sie sich nicht allzu sehr von den landschaftlichen Ausblicken und hübschen Dörfern ablenken lassen – ab und an kann durchaus ein Auto entgegenkommen.

Von Bad Wörishofen geht es zunächst südwärts leicht ansteigend nach Hartenthal (Km 4,5), wo eine Panoramatafel am Aussichtspunkt die Allgäuer Alpen erklärt. Weiter über Lauchdorf, könnten Sie in Baisweil (Km 10) im Gasthof Drei Rosen eine erste Rast einlegen, aber wenn noch Kraft da ist, fahren Sie besser weiter über Warmisried (Beschilderung „Windradrunde") durch herrlichen Wald nach Westen und in Oberegg mit kleinem Anstieg nach Norden.

Die historische Katzbrui-Mühle ist gut ausgeschildert, und nach 23 km haben Sie nun tatsächlich eine Rast am rauschenden Mühlbach verdient. Wussten Sie, dass hier 1949 das Märchen „Hans im Glück" verfilmt wurde? Bis heute ein Kultfilm! Über Köngetried mit seinem schiefen Kirchturm radeln Sie weiter nordwärts und halten kurz vor Saulengrain an einem weiteren schönen Aussichtspunkt. Mindelheim erreichen Sie nach insgesamt 35 km. Für eine Rast haben Sie hier vielfältige Möglichkeiten. Ein Fuß- und Radweg bringt Sie auf der Landsberger Straße in Richtung Dömlingberg schließlich nach Bad Wörishofen zurück.

Schwierigkeit: leicht bis mittel
Länge: 49 km, ca. 450 Höhenmeter
Dauer: 5–6 Std. (ohne Pausen)
Leihfahrräder: Trekkingrad um 5 €/Tag, E-Bike um 14 €/Tag; Heckl Radverleih, Kathreinerstr. 6 a, 86825 Bad Wörishofen, Tel. 08247 72 93, www.radtouren-heckl.de
Weitere Tourenvorschläge: www.bad-woerishofen.de/im-urlaub/aktiv-natur.html

Die historische Katzbrui-Mühle bietet sich für eine gemütliche Einkehr an.

Wo der Kini träumte

Ludwig II. und sein Disney-Schloss grüßen von Schneuztüchern, Wandtellern, Kuckucksuhren, T-Shirts, Backoblaten und in natura vom Felssporn über der dramatischen Pöllatschlucht. Nicht abschrecken lassen! Füssens quirlige Altstadt, Kaufbeurens Wehrtürme und zahllose Freizeit- und Sportmöglichkeiten lassen das Kini-Marketing schnell verblassen.

Touristenattraktion ersten Ranges: Auf der Liste der Deutschen Zentrale für Tourismus, die alljährlich die bei ausländischen Besuchern beliebtesten Sehenswürdigkeiten ermittelt, landet Neuschwanstein regelmäßig ganz vorn.

Unten: Der Schwan war das Wappentier des Geschlechts der Herren von Schwangau, als deren Nachfolger sich Ludwig II. sah.

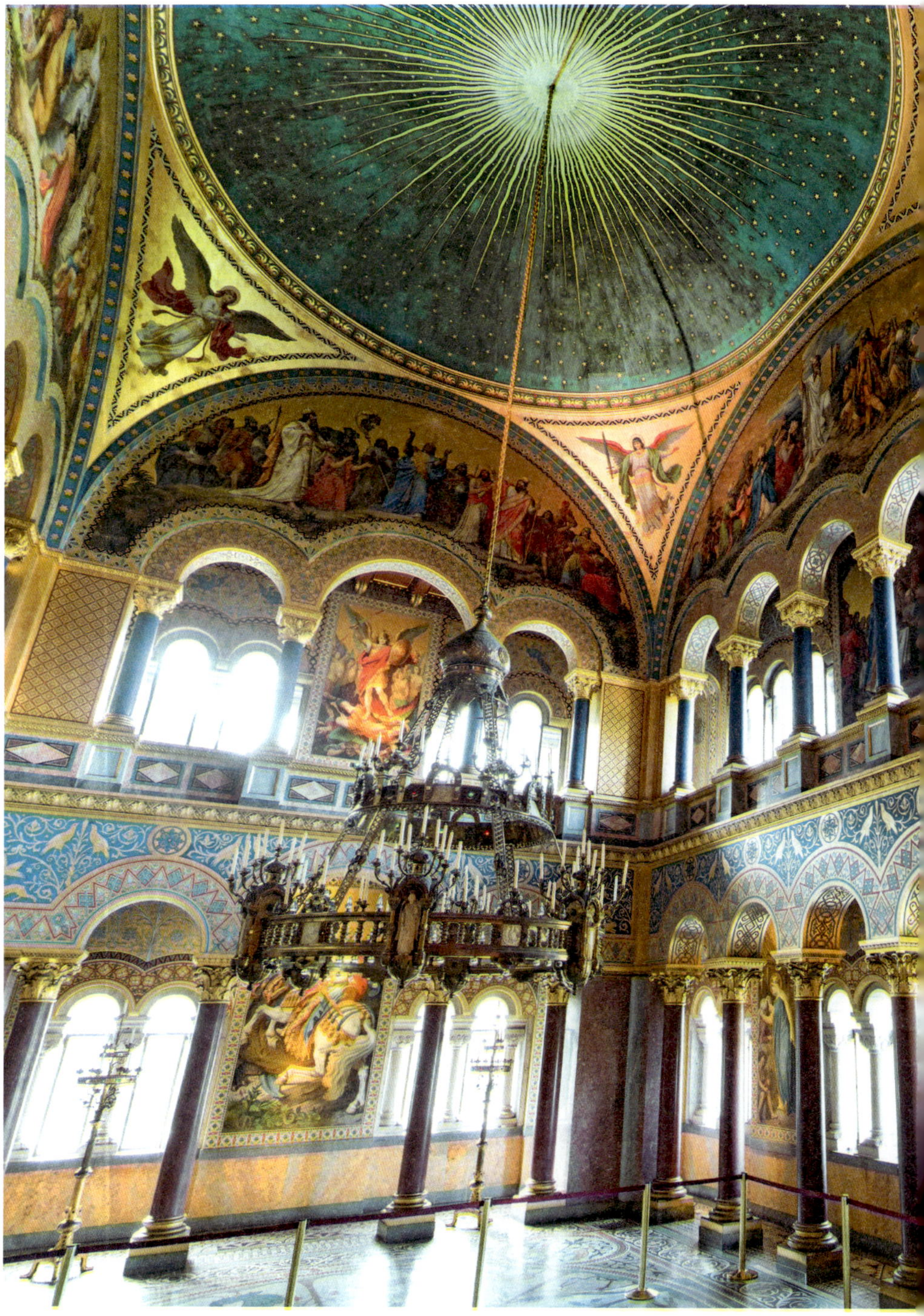

Oben: Der Thronsaal im Schloss Neuschwanstein ist einem byzantinischen Sakralbau nachempfunden.

Links: Nicht nur, aber besonders bei chinesischen Touristen steht das Märchenschloss hoch im Kurs.

Zur internationalen Bekanntheit trug sicher auch bei, dass Walt Disney sich von Neuschwanstein zu den Schlössern seiner Zeichentrickfilme inspirieren ließ – und zu seinem Firmenlogo.

„Vielleicht träumt man auch im Grabe noch fort, ein langer, ewiger, unendlicher Traum."

Ludwig II. von Bayern

Rund um Neuschwanstein ist der Rummel zum Davonlaufen. Man versteht, dass Ludwig am liebsten nachts reiste, das wäre jetzt genau das Richtige. In einer Kutsche zum Schloss hinauffahren, das im Mondlicht silbern leuchtet. Ganz allein dem Traum eines Mannes begegnen, der sich nur im mittelalterlichen Sagenkosmos lebendig fühlte und ansonsten unter seinem Dasein als Marionette litt.

Ein ewig Rätsel will ich bleiben ...

Er kann schon zum Träumen verführen, der Kini, mit seiner steingewordenen Fantasie einer schneeweißen Ritterburg, die ihm dann doch eher zum Zuckerbäckerschloss geriet. Den Thronsaal als byzantinischen Sakralbau zu planen und sich selbst folgerichtig als Kaiser von Gottes Gnaden zu fühlen, das hat was. Die Ahs und Ohs, geseufzt in gefühlt fünfzig Sprachen, nehmen denn auch kein Ende bei der Besichtigung seiner Gralsburg. Doch all dies Strahlen, die mystischen Helden und Ritter in den königlichen Wohnräumen, ja selbst die modernen Sanitärinstallationen und Telefonanlagen, die eine ganz andere, aufgeklärte Seite von Ludwig zeigen, konnten nicht verhindern, dass er ausgerechnet hier seine bitterste Stunde erlebte. Für geisteskrank und abgesetzt erklärt, wurde der König am 12. Juni 1886 in Neuschwanstein verhaftet und nach Schloss Berg gebracht. Einen Tag später war er tot, ertrunken im Starnberger See, eingegangen in seine Mythenwelt.

Ein See auf dem Trockenen

Füssen und Ludwig II. verbindet heute vor allem der Kommerz. Alle Versuche, ein Musical über den König auf die Beine zu stellen, scheiterten allerdings, und so steht das dafür erbaute Festspielhaus – eine Kopie des Bayreuther Wagner-Tempels – weitgehend ungenutzt am Forggensee herum Unter all den Gewässern rund um Füssen ist er das einzige nicht natürliche. Der See staut den Lech und eignet sich wunderbar für Segeltouren, faule Nachmittage am Strand und Ausflüge mit der Forggenseeschifffahrt. Wenn ... ja, wenn er denn Wasser führt. Im Frühjahr 2018 ließen die Uniper Kraftwerke den See nach seiner winterlichen Entleerung nicht wie sonst volllaufen, da der Staudamm saniert werden musste. Eine Katastrophe war das für den Tourismus in der Region, weil man nun ausgerechnet hier, mit Blick auf Schloss Neuschwanstein, nicht mehr baden konnte. Und überhaupt: Wie sieht das denn aus, wenn fünfzehn Quadratkilometer See trocken liegen, während man am Ufer das Zelt für den lang ersehnten Sommerurlaub aufschlägt? Oder während einer Vorstellung des eben mal wieder revitalisierten Musicaltheaters mit dem Sektkelch in der Hand auf eine mondbeschienene Brachfläche blickt?

Blaue Augen in dunklem Wald

Sollte dem Forggensee ein solches Malheur erneut widerfahren, ist das kein Grund zum Grämen – Seen gibt es genug in Füssens Umgebung. Zugegeben, nicht jeder mit Blick auf Neuschwanstein, doch der Alpsee am Fuß des markanten Säulings ist ein ernsthafter Konkurrent. In ihm spiegeln sich beide Königsschlösser und schaffen eine bezaubernd-romantische Szenerie. In Schwangau am Ostufer erklärt zudem das „Museum der bayerischen Könige“, dass die Wittelsbacher neben dem alles überstrahlenden Ludwig II. noch andere respektable Herrscherpersönlichkeiten hervorgebracht haben. Umfassend informiert, bietet sich danach die Umrundung des Alpsees an, in etwa zwei Stunden, mit einer erfrischenden Pause im Alpseebad.

Noch ein Geheimtipp sei der Alatsee, weiter westlich und tief im Wald verborgen, verrät Allgäukommissar Kluftinger, das literarische Alter Ego der Allgäuer Volker Klüpfel und Michael Kobr, auf seiner Webseite. Schließlich ermittelte der Klufti hier in einem besonders rätselhaften Mord! Tatsächlich ranken sich allerlei Sagen und Gerüchte um den finsteren Weiher, auf dessen Grund Purpurbakterien eine blutrote Schicht bilden und Glücksritter Nazigoldschätze vermuten. Ein bisschen unheimlich wirkt die stille Wasserfläche in der Tat, wegen ihrer sehr dunklen Farbe. Doch spätestens nach dem ersten erfrischenden Sprung in den See sind alle Bedenken wie weggebadet.

Seen gibt es genug in Füssens Umgebung.

Auch Füssen selbst und die Umgebung sind sehenswert, etwa der Schrannenplatz mit dem Bäckerbrunnen, das Kloster St. Mang mit der ovalen Bibliothek oder der Alpsee.

Oben: Über Füssens Reichenstraße wacht der heilige Magnus auf dem Stadtbrunnen. Im Hintergrund ragt der Torturm des Hohen Schlosses auf.

Links: Auch Maximilian II., Vater von Ludwig II., hatte bereits ein Faible für romantische Schlösser. Er ließ von 1832 bis 1837 Hohenschwangau neugotisch umbauen.

Nach einer Pestepidemie im 16. Jahrhundert wurde die Heilig-Kreuz-Kirche südlich von Steingaden, an der Grenze zwischen Allgäu und Oberbayern, erbaut. Anfang Juli ziehen festlich geschmückte Pferde, Reiter und Musiker beim Ulrichsritt zu der Kapelle hinauf …

… um auf einer Wiese unterhalb des Kirchleins den Festgottesdienst zu feiern. Wer nicht reitet, die gut drei Kilometer aber auch nicht (mehr) zu Fuß zurücklegen möchte, wählt andere Wege und Mittel.

Segen, Wunder, Wallfahrtsorte

Alpsee, Alatsee und noch viele weitere Gewässer des Füssener Seenlandes stehen in direkter oder indirekter Verbindung mit dem Lech, der seinen Weg gen Norden in zahlreiche Mäander legt, im Forggensee dann durchs Stauwehr gebändigt wird und im weiteren Verlauf zwei bedeutende, nahe beieinanderstehende Wallfahrtsberge passiert, an denen die Menschen Segen für ihr Vieh erbitten. Die Reiterprozessionen zum heiligen Georg auf dem Auerberg und zum heiligen Ulrich auf dem Kreuzberg zählen zum eindrucksvollsten Brauchtum in diesem Grenzland zwischen Allgäu und Oberbayern. Bis zu hundert Reiter sind auf ihren reich geschmückten Rössern unterwegs, um an den Wallfahrtsstätten den Gottesdiensten beizuwohnen und ihre Pferde segnen zu lassen.

In dieser beseelten Landschaft wartet ein weiteres Wunder: der Gegeißelte Heiland in der Wies. Eine bäuerliche, achtlos in einem Schober abgestellte Prozessionsfigur vergoss 1738 Tränen, weshalb schon bald eine Wallfahrt „in

Bis zu hundert Reiter sind auf ihren geschmückten Rössern unterwegs.

die Wies“ einsetzte. Dem Heiland ein Haus zu bauen, in diese Aufgabe legten die Brüder Dominikus und Johann Baptist Zimmermann 1746 bis 1754 ihr ganzes Talent und Können. Den genialen Baumeistern, Stuckateuren und Malern im Übergang vom Barock zum Rokoko gelang außen wie innen die perfekte Umsetzung der Ideale hochbarocker Architektur in voralpiner Landschaft. Die Wieskirche schmiegt sich in die Hügel, als wäre sie natürlich aus ihnen gewachsen. Für viele ebenfalls ein Wunder und folgerichtig UNESCO-Weltkulturerbe.

Füssen in der Renaissance

Dass wir uns hier rund um Füssen im Königswinkel befinden, in dem sich auch

Der im Wald versteckte Alatsee ist im Sommer ein beliebter Treff für Jugendliche, die beim Sprung von der Baumschaukel ihren Mut erproben.

Reichlich Möglichkeiten für Outdooraktivitäten bieten sich auch rund um Pfronten, sei es im Waldseilgarten Höllschlucht, im Skatepark in Oy-Mittelberg …

… oder bei einer Wanderung zur Hündeleskopfhütte. Hier kann man sich mit Allgäuer Spezialitäten stärken, die Hüttenwirtin Silli aus Überzeugung fleischlos zubereitet.

Rokoko in Vollendung: Zum UNESCO-Welterbe zählt die 1745 bis 1754 von Dominikus Zimmermann bei Steingaden errichtete Wieskirche – mit vollem Namen Wallfahrtskirche zum Gegeißelten Heiland auf der Wies.

Ludwigs Vater, König Maximilian II., ab 1832 mit dem neugotischen Schloss Hohenschwangau seinen Bauträumen hingegeben hat, täuscht leicht darüber hinweg, dass die Stadt im Lechtal die längste Zeit ihrer Geschichte – von 1313 bis 1803 – nicht königlich, sondern im Besitz der Augsburger Fürstbischöfe war. Ihre Sommerresidenz richteten die geistlichen Herren im Hohen Schloss ein, dort wo zuvor schon ein römisches Castrum über das sich weitende Lechtal gewacht hatte. Und wo unterhalb des Schlosshügels bereits das im Jahr 750 vom heiligen Magnus aus dem schweizerischen St. Gallen gegründete Kloster stand.

Füssen war zudem ein bedeutender Stapelplatz im Handel mit Italien, und in der heutigen Reichenstraße wurden regelmäßig Märkte abgehalten. Die vermögenden Kaufleute leisteten sich repräsentative, bis zu dreistöckige Häuser entlang dieser Handelsader, während in den Seitengassen wesentlich bescheidener gebaut wurde. Noch heute ist das deutlich erkennbar. Die Lüftlmalereien an den Bürgerhäusern geben übrigens häufig einen Hinweis auf den Beruf des Besitzers. Die ältesten dieser a fresco, also auf den feuchten Kalkputz aufgetragenen illusionistischen Bilder befinden sich jedoch im Hof des Hohen Schlosses und stammen von 1499.

Unterwegs auf Panoramalogen

Pfronten, ein Bergrund weiter westlich, verpasste einen ähnlichen Ludwig-Rummel nur knapp. Straße und Wasserleitung auf den 1267 Meter hohen Falkenstein waren bereits gelegt, die Baupläne für eine Raubritterburg, noch abgehobener und weltferner als Neuschwanstein, waren abgenickt, da verstarb der König. So blieben auf dem Gipfel die romantischen Ruinen der 600 Jahre vor Ludwig errichteten Höhenburg erhalten. Und es war Platz für das 1896 errichtete Hotel, das seiner besonderen Lage auch als eine Art Museum gerecht wird.

Die Gemeinden Pfronten und Nesselwang punkten statt mit Royalem mit

Wenn der Herbst naht, legen sich Nebelschwaden über das Vilstal um Pfronten.

Aktivitäten. Wer hier eincheckt, hat gut zu tun. Der behäbige Breitenberg (1838 m) und sein schroffer Nachbar, der Felszack des Aggenstein (1987 m), fordern selbst Konditionsstarke, lassen sich per Bergbahn aber auch ganz entspannt besuchen. In Nesselwang bietet sich der Alpspitz (1575 m) für Bergfexe, Skifahrer und Adrenalinjunkies an; die Zipline (neudeutsch für Seilrutsche) vom Gipfel bis zur Mittelstation ist nicht ohne!

Eine der reizvollsten Wanderungen führt von der Alpspitz-Bergstation hinüber zum Edelsberg (1624 m) und über Fichtel- und Gundhütte zur Hündeleskopfhütte – mit tollen Perspektiven in alle Himmelsrichtungen: nach Norden über die Füssener Seen ins Alpenvorland, nach Süden in die Lechtaler Alpen mit ihren Felskronen, nach Osten zur Zugspitze und nach Westen bei guter Sicht bis zu den Schweizer Gletschergipfeln. Grandios! Zum Abschluss kehrt man auf der Hündeleskopfhütte ein. Die Silli, Hüttenwirtin Silvia Beyer, ist seit ihrem zwölften Lebensjahr Vegetarierin und kocht auch so. Käspressknödel oder Krautkrapfen, Suppen und große bunte Salatteller kommen ohne Speck oder anderen fleischigen Schnickschnack aus. Und es schmeckt! Übrigens auch im Winter. Dann führt von Pfronten eine gemächliche Schneeschuhtour hinauf.

Special

Gedenkstätte

Grauen hinter weißem Stuck

Kloster Irsee besitzt zwei Gesichter: das der Klosteranlage mit einer betörend schönen Kirche – und das seiner jüngeren Geschichte als Experimentallabor der Nazis.

Der Schleier des Verdrängens wurde erst in den 1980er-Jahren gelüftet. Damals kam das Schicksal von 818 Menschen ans Tageslicht, die im Rahmen des „Euthanasie"-Programms für unwertes Leben zwischen 1940 und 1945 in der „Heil- und Pflegeanstalt Kaufbeuren-Irsee", dem einstigen Kloster, von Ärzten ermordet wurden – durch überdosierte Medikamente oder fettlose Hungerkost. Ein Gesicht erhielten die Opfer, meist Kinder, durch den Roman „Nebel im August", in dem Robert Domes die Geschichte des in Irsee ermordeten Ernst Lossa erzählt.

„Prosektur" der NS-Ärzte im Kloster Irsee

Heute sind hier zwei Gedenkstätten öffentlich zugänglich: das Denkmal „Stolpersteine" gegenüber dem Eingang des Tagungsheims und das „Euthanasie"-Mahnmal auf dem ehemaligen Anstaltsfriedhof hinter dem Kloster. Für die dritte, die „Prosektur", in der die Mörder ihre Opfer obduzierten, benötigt man den Schlüssel von der Rezeption. Im Vorraum hat die Künstlerin Beate Passow drei den Anstaltsakten entnommene grobkörnige Schwarzweißbilder gequälter Kinder in Großformat als Triptychon arrangiert. Dahinter steht der Obduktionstisch. Was bleibt, ist blankes Entsetzen.

Die ehemalige freie Reichsstadt Kaufbeuren wurde vor 900 Jahren das erste Mal urkundlich erwähnt. Wer sich in der Tourist-Info den Schlüssel holt, kann vom Wehrgang der Stadtmauer aus den Blick über die Altstadt genießen.

Am Obstmarkt, vor dem Crescentiakloster, wurde mit dem modernen Tänzelfestbrunnen dem ältesten historischen Kinderfest Bayerns ein Denkmal gesetzt.

Der Mindelheimer Bildhauer Ignaz Hillenbrand hat 1724/25 die Schiffskanzel der Klosterkirche Irsee geschaffen. Als „Schiffsjungen" betätigen sich Engel an Mastkorb und Segel.

Mit Musik und Tandaradei tauchen die Kaufbeurer beim Tänzelfest – ihrer fünften Jahreszeit – ins Mittelalter ein. Lagerleben, Markttreiben und zwei große historische Festzüge gehören ebenso dazu wie ein Rummelplatz mit Fahrgeschäften und Festzeltbetrieb.

Zwölf Tage lang feiern Kinder und Erwachsene in Kaufbeuren mit Inbrunst und vollem Einsatz.

Seit mehr als 350 Jahren gibt es das Tänzelfest, das heutzutage Zehntausende Besucher anlockt.

„Ich wurde am 7. Juli 1855 zu Kaufbeuren geboren als unzweifelbarer Schwabe. Kein Wunder also, dass ich Optimist wurde."

Ludwig Ganghofer

Der Duft des Allgäus

Ihre schmackhaften Kässpatzen bereitet die Silli vermutlich mit würzigem Bergkäse und noch würzigerem Weißlacker zu. Hätte es den Käse mit seinem besonderen Duft, der an ungewaschene Füße erinnert, bereits 1866 gegeben, er hätte die Preußen im Deutschen Krieg zurückgedrängt, und die Bayerische Armee wäre bei Uettingen siegreich gewesen – sagen die Allgäuer. Aber die Wertacher Josef und Anton Kramer kamen erst 1874 auf die Idee, Fett- und Salzgehalt beim „Allgäuer Limburger" zu erhöhen, um den Käse haltbarer zu machen. Getan, vergessen. Ein Jahr später entdeckten die beiden das Käseexperiment wieder, und der zu neuen Dufthöhen gereifte Käse entpuppte sich als Verkaufserfolg. Wobei davor gewarnt wird, ihn im Zugabteil zu transportieren – zumindest, wenn man Wert auf Gesellschaft legt. Auch Allgäukommissar Kluftinger, ein bekennender Connaisseur des Weißlackers, hat damit schon Episoden erlebt, die ihn an den Rand der polizeilichen Bruderschaft drängten. Weißlacker heißt der Käse übrigens nach der weißen Schmiere, die sich auf der Rinde bildet.

Kaufbeuren, deine Dichter

Ein Stück weiter nach Norden breitet sich Kaufbeuren an den Ufern der Wertach aus. Die ehemals freie Reichsstadt kann auf vielerlei stolz sein. Hier wird das älteste Kinderfest Deutschlands gefeiert, die Altstadt ist wunderbar erhalten, 1947 kamen mit Neugablonz auf einen Schlag 18 000 Einwohner dazu, und die Liste berühmter Persönlichkeiten ist erstaunlich lang. Sogar eine Heilige findet sich darunter: 2001 sprach Rom die Franziskanerin Crescentia (1682–1744) heilig, deren Fürsprache so manches Wunder bewirkt haben soll. Auch eine Frauenrechtlerin ist verzeichnet: Sophie von La Roche (1730–1807) publizierte 1771 den Frauenroman „Geschichte des Fräuleins von Sternheim" mit einer selbstbewussten Heldin. Sie war die erste Berufsautorin im Land und ernährte mit dem Schreiben ihre Familie.

Der bayerische Volksschriftsteller Ludwig Ganghofer (1855–1920) wurde im Haus mit der Adresse Kirchplatz 8 geboren und verbrachte immerhin fünf Jahre in seiner Heimatstadt, während der literarisch mit spitzer Feder fechtende Hans Magnus Enzensberger hier am 11. November 1929 nur seinen ersten Schrei krähte und nie wieder nach Kaufbeuren zurückkehrte. Verewigt ist der vielfach Ausgezeichnete hier dennoch, wie alle anderen, in einer wirklich sehenswerten Ausstellung des preisgekrönten Stadtmuseums.

ZEITGENÖSSISCHES BAUEN

Jodelarchitektur oder Purismus am Bau

Stört trendige Architektur das Allgäu-Idyll oder kleidet sie überlieferte Regeln im guten Sinne in ein modernes Gewand? Zum Pseudo-Alpinstil der 1960er- und 70er-Jahre mit dunklen Holzbalkonen voller Geranien ist sie auf jeden Fall eine Alternative – und ästhetischer Gewinn.

So haben es die Altvorderen gemacht: traditionelle Holzschindelfassade.

Was ist Tradition? Und was ist ihr fremd? Geschwungene Formen, das Fehlen des steilen Giebels – oder doch lieber bunt bemalte Fensterläden? Darüber lässt sich trefflich streiten. Die traditionellen Fassaden sind in vielen Alpenregionen längst dem gewichen, was die Süddeutsche Zeitung als „Heidi-Style“ bezeichnete. Dieser internationale Heimatstil habe mit der eigentlich überlieferten, bäuerlich geprägten Baukultur nur sehr wenig gemein, erklärt einer der Vordenker zeitgemäßer Alpinarchitektur, der Vorarlberger Architekturprofessor Roland Gnaiger, der diesen Stil „Rustikalismus“ nennt.

Von Vorarlberg lernen

Architektonisch liegen Welten zwischen dem Allgäu und seinem Nachbarn Vorarlberg. Seit den 1970ern hat das westlichste österreichische Bundesland eine ganze Reihe von Bauingenieuren, Architekten, Tischlern und verwandten Handwerkern hervorgebracht, die modernes Bauen und traditionelle Formensprache auf ungemein attraktive Weise verbinden. Möglich wurde das Vorarlberger Architekturwunder einerseits durch die kreative Zusammenarbeit von Bauherren, Architekten und Handwerkern, andererseits durch die Offenheit für neue Formen, nicht nur bei Privatleuten, sondern auch bei kommunalen Bauträgern. Das spornt die Architekten an, den gestalterischen Freiraum zu nutzen.

Über allen Gipfeln ist Ruh

Wer im Allgäu unterwegs ist, stößt ebenfalls auf wegweisende Architektur, allerdings meist auf Berggipfeln. Und fast immer fällt dann der Name des Architekturbüros Noichl & Blüml. Klaus Noichl und seine Frau und Partnerin Angelika Blüml sind Spezialisten in der komplexen Kunst, im Hochgebirge zu bauen. Ihre Projekte verstehen sie als „Dialog mit der Landschaft, bei dem die Natur am Ende gewinnt“. Die Natur ist Vorbild. Das Bodenrelief aufzunehmen, sich der Landschaft unterzuordnen, eine Architektur ohne überflüssigen Zierrat zu zelebrieren sind höchste Prämissen. Die „Sonnenwand“ des Bergrestaurants am Walmendingerhorn

Heutzutage kann man riesige gebogene Glasscheiben in 2224 Meter Höhe montieren, wie beim 2016 eröffneten Gipfelrestaurant auf dem Nebelhorn. Und doch ist auch hier der Grundbaustoff heimische Fichte.

Künstlerhaus Marktoberdorf (oben) mit rotem Klinker und Logistikhalle in Leutkirch mit Holzfassade

ist einer ähnlich geformten Felswand am Hohen Ifen nachempfunden, in deren Schutz sich schon eiszeitliche Jäger wärmten. Die Bergstation der Hörnerbahn fügten die Architekten in eine für die alte Liftstation gesprengte Scharte im Berggrat und schufen damit einen harmonischen Abschluss für das verletzte Landschaftsrelief.

Beispielhafte Architektur

Nebelhorn: Gipfelrestaurant, www.ok-bergbahnen.com
Walmendingerhorn: Lift und Sonnenwand, www.ok-bergbahnen.com
Waltenberger Haus unterhalb der Mädelegabel: http://waltenbergerhaus.de
Künstlerhaus, Marktoberdorf: www.kuenstlerhaus-marktoberdorf.de
Alpseehaus, Immenstadt: www.alpseehaus.de

Auch das Gipfelrestaurant am Nebelhorn, entworfen von HK Architekten aus Schwarzach, folgt diesem Prinzip. „Die Leitidee war, den Gipfel ... in den Mittelpunkt zu rücken und erlebbar zu machen", erläutert Architekt Hermann Kaufmann den preisgekrönten Bau.

Mut zu Schwüngen und Kanten

Warum es die Architekten auf die Berggipfel zieht? „Unten ist das Bauen viel stärker reglementiert, durch die Vorstellungen der örtlichen politischen Entscheidungsträger, durch örtliche Bauvorschriften und so weiter", so Klaus Noichl in einer TV-Dokumentation des Bayerischen Rundfunks. „Am Berg hab ich's eigentlich nur mit dem Bauherrn zu tun."

Trotzdem ist auch unten im Tal einiges Spektakuläre entstanden, so das Naturparkzentrum Alpseehaus mit seiner von Michael Felkner entworfenen Holzsilhouette. Oder die Logistikhalle des Sensorenherstellers Elobau in Leutkirch, mit der die F64 Architekten 2018 den renommierten Baupreis Allgäu gewannen. Die an eine Wabenstruktur erinnernde Fassade aus Holzlamellen wechselt je nach Blickwinkel ihre Farbe. Ganz anders der Ansatz von Bearth & Deplazes im Ostallgäuer Marktoberdorf. Das dortige Kunstmuseum steht als festungsartig geschlossener Bau aus rotem Klinker wie ein Fremdkörper in der Altstadt, nimmt dabei aber mittelalterliche Mauerstrukturen auf und bezieht sich so auf seine Umgebung.

Das Traditionelle im Modernen

Für Klaus Noichl ist das Charakteristische am althergebrachten Bauen der Wechsel von geschlossenen und offenen Fassaden. Das typische Allgäuhaus besitze beides, abhängig von der Wetterseite, erklärt er. Offen wendet sich das Wohnhaus mit großen Fensterfronten gen Süden; nach Norden steht geschlossen der Stall. Dieses traditionelle Prinzip setzen Noichl & Blüml in ihren Projekten um. Das Gebäude mag nicht aussehen wie ein klassischer Allgäuer Hof, aber seine Anlage folgt den gleichen, über Generationen gewachsenen Erfahrungswerten.

Glas und Holz stehen auch beim Aufzugturm am Walmendingerhorn (oben) im spannenden Dialog mit der Landschaft.
Die Terrassen am Nebelhorn ordnen sich dem Gipfel unter.

KAUFBEUREN
KAUFBEUREN-NEUGABLONZ
Germaringen
Mauerstetten
Pforzen
Irsee
Eggenthal
Ober-günzburg
Friesenried
Biessenhofen
Ruderatshofen
Aitrang
Günzach
Kraftisried
Unterthingau
MARKT-OBERDORF
Bidingen
Ingenried
SCHONGAU
Altenstadt
Peiting
Denklingen
Fuchstal
Burggen
Bernbeuren
Stötten am Auerberg
Steingaden
Lechbruck am See
Lengenwang
Rückholz
Seeg
Roßhaupten
Halblech
Wald
Görisried
Nesselwang
Oy-Mittelberg
Wertach
Pfronten
Eisenberg
Hopferau
Rieden am Forggensee
FÜSSEN
Schwangau
Jungholz
Forggensee
Oberjoch-Pass
Tannheimer Tal
Tannheim
ÖSTERREICH
Reutte
Pinswang
Vils
Musau
Breitenwang
Kempter Wald
Ammergebirge
Naturschutzgebiet
Deutsche Alpenstraße
Romantische Straße
Maßstab 1:200.000

Kaufmannsstädte, Aussichtsberge und ein Kini

Zwischen Kaufbeuren im Norden und Füssen und Pfronten im Süden zeigt sich das Ostallgäu als Landschaft der Wälder, Wiesen und Wellen, die auf die erste Voralpenkette zustreben. Deren Gipfel erreichen gerade so die 2000-Meter-Marke und empfehlen sich als Panoramalogen mit 360°-Blick, den auch König Ludwig II. schätzte.

1 Kaufbeuren

Das geschäftige Oberzentrum (42 000 Einw.) mit gut erhaltenem Altstadtkern ist seit dem 12. Jh. bezeugt und war ab dem 14. Jh. freie Reichsstadt. 1947 wuchs es um einen ganzen Stadtteil und 18 000 Einwohner: Vertriebene aus dem böhmischen Gablonz siedelten sich in Neugablonz an und begründeten hier eine florierende Schmuck- und Glasindustrie.

SEHENSWERT

Vom ehemaligen **Salzstadel,** der seit 1805 das Stadttheater beherbergt, und dem **Rathaus** im Stil der Neorenaissance führen Rosental und Kaiser-Max-Straße quer durch die Altstadt auf die hoch gelegene Stadtbefestigung zu. Gesäumt von Bauten des 15./16. Jh., wie dem **Weberhaus** (Nr. 22) oder dem **Hörmannhaus** (Nr. 32) mit herrlichem Renaissanceportal, wirkt die Kaiser-Max-Straße sehr repräsentativ. Donnerstags verwandelt sie sich in einen lebhaften Markt. Die im Ursprung gotische Pfarrkirche **St. Martin** erhielt im 19. Jh. ihre jetzige neugotische Ausstattung; nur einige Heiligenfiguren und das Relief „Anbetung der Hl. Drei Könige" sind aus dem 15./16. Jh. erhalten. Das **Stadtmuseum** (Kaisergässchen 12–14, www.stadtmuseum-kaufbeuren.de; Di.–So. 10.00–17.00 Uhr) zeigt Interessantes zur Stadtgeschichte; bemerkenswert sind die Kruzifixsammlung mit über 300 Kreuzen verschiedener Epochen und die Abteilung zu Kaufbeurer Schriftstellern. Auf dem Platz vor dem **Franziskanerinnenkloster** (15. Jh.) erinnert der moderne **Tänzelfestbrunnen** an Kaufbeurens berühmtestes Fest, bei dem Anfang Juli 1600 Kinder in historischen Kostümen Ereignisse aus der Stadtgeschichte nachspielen. Ein meditativer Ort ist der **Klosterberggarten** hinter dem Konvent, der mit besinnlichen Stationen hinaufführt zur im Westen noch bestens erhaltenen **Stadtmauer** mit Wehrgang (Schlüssel für die Begehung bei der Tourist-Info). Wahrzeichen Kaufbeurens ist der **Fünfknopfturm** (1420). Die Mauer entlang nach Norden erreicht man die Kirche **St. Blasius** (15. Jh.) mit ihrem einzigartigen Hauptaltar (1518) von Jörg Lederer. Außerdem schmücken 66 spätgotische Tafelbilder das Gotteshaus.

Kaufbeuren: Kruzifixsammlung im Stadtmuseum; Fünfknopfturm; Lederer-Altar in St. Blasius

HOTEL

Farbenfroh empfängt das schicke **€€€ Hotel am Turm** (Josef-Landes-Str. 1, Tel. 08341 9 37 40, www.hotel-am-turm.de) im Zentrum.

UMGEBUNG

Das im 12. Jh. gegründete einstige **Benediktinerkloster Irsee** (7 km nordwestl.) dient heute als Tagungszentrum. Besuchenswert ist die Ende des 17. Jh. erbaute Klosterkirche **Mariä Himmelfahrt** allein schon wegen ihres lichten Dekors des jungen Wessobrunner Stuckateurs Joseph Schmuzer; die außergewöhnliche Kanzel in Form eines Schiffs mit Segel schuf der aus Türkheim stammende Ignaz Hillenbrand. Neben dem jubilierenden Gotteshaus droht die düstere Vergangenheit des Klosters, in dem die Nazis ihr Euthanasieprogramm vorantrieben (s. S. 92), zu verblassen. Den Schlüssel zur **Gedenkstätte Euthanasie** erhalten Sie an der Rezeption des Tagungshauses.
In **Marktoberdorf** (13 km südl.) präsentiert das architektonisch aufsehenerregende Künstlerhaus (Kemptener Str. 5, www.kuenstlerhaus-marktoberdorf.de; Di.–Fr. 15.00–18.00, Sa., So. ab 14.00 Uhr) zeitgenössische schwäbische Kunst in wechselnden Ausstellungen.

INFORMATION

Kaiser-Max-Str. 3 a, 87600 Kaufbeuren, Tel. 08341 43 71 90, www.kaufbeuren-tourismus.de

2 Füssen

Die Kleinstadt (14 000 Einw.), eine der ältesten Siedlungen am nördlichen Alpenrand, steht etwas im Schatten von Neuschwanstein und dem Rummel um den „Kini". Dennoch begeistert die romantische Altstadt mit lauschigen Gassen und Plätzen zu Füßen des Hohen Schlosses.

SEHENSWERT

Bis ins 8. Jh. reichen die Ursprünge des ehemaligen **Klosters St. Mang,** das 748 durch den

St. Gallener Mönch Magnus gegründet worden sein soll. Die Legende besagt, dass er in der Krypta unter der barocken **Stiftskirche** seine letzte Ruhestätte gefunden habe. Die Kirche wurde auf älteren Fundamenten zu Beginn des 18. Jh. von Johann Jakob Herkomer errichtet, freskiert und stuckiert. Vier Heilige aus der Hand des in Füssen geborenen Anton Sturm schmücken den Hochaltar. Die Fresken in der Ostkrypta stammen vom Ende des 10. Jh. Das **Museum der Stadt Füssen** (Lechhalde 3, www.museum.fuessen.de; April–Okt. Di.–So. 11.00–17.00, sonst Fr.–So. 13.00–16.00 Uhr) dokumentiert in den barocken Klosterräumen die Stadtgeschichte und ein wichtiges Füssener Handwerk: den Lauten- und Geigenbau. Den Höhepunkt bildet die Kapelle St. Anna (s. Tipp). Im hochgotischen **Hohen Schloss** (Magnusplatz 10, www.stadt-fuessen.de; Öffnungszeiten wie Stadtmuseum) residierten die Augsburger Fürstbischöfe in den Sommermonaten. Heute bestücken Bayerische Staatsgemäldesammlung und Städtische Gemäldegalerie die Räume.

EINKAUFEN

Ein Bummel entlang der Reichengasse und ihrer Nebengässchen führt an originellen Geschäften vorbei. **Fair mit Flair** (Brotmarkt 10, www.weltladen-fuessen.de) verkauft Eco-Fashion. Im **Gwandhaus** (Brunnengasse 8–10, www.gwandhaus-fuessen.de) bekommen Sie Tracht und Lederhosen, im angeschlossenen **Hutladen** findet jeder die passende Kopfbedeckung. Für den kleinen oder süßen Hunger ist die **Bäckerei Höfler** (Schrannengasse 3) die richtige Adresse – hier backt man noch selbst!

RESTAURANTS

Günstig und mittelmeerumspannend speist man **€€ Beim Olivenbauer** (Ottostr. 7, Tel. 08362 62 50, www.beim-olivenbauer.de). Allgäu trifft Österreich im **€€€ Küss die Hand** (Brunnengasse 21, Tel. 08362 9 23 73 11, www.kuessdiehand.de; So. geschl.), und das mit ebenso origineller wie feiner Küche.

UNTERKUNFT

Wenn schon, denn schon: Die Ferienwohnungen von **€€€€ Mein lieber Schwan** (Augustenstr. 3, Tel. 08362 50 99 80, www.meinlieberschwan.de) in zwei Füssener Jugendstilvillen sind mit Antiquitäten eingerichtet und wecken königliche Gefühle.
Knallbunt sind die Zwei- und Mehrbettzimmer im **€ Bavaria City Hostel** (Reichenstr. 15, Tel. 08362 9 26 69 80, http://hostelfuessen.com) im Herzen der Altstadt.

UMGEBUNG

Auf einem 200 m hohen Felssporn über der Pöllatschlucht erhebt sich **Schloss Neuschwanstein** TOPZIEL (4 km südöstl.; 1869–1889). Ursprünglich hatte Ludwig II. eine kleine Ritterburg vorgeschwebt; daraus entwickelte sich dieses Märchenschloss, das sich voll und ganz dem Wagner'schen Opernkosmos hingibt. Bei der halbstündigen Führung besichtigt man u. a. die Königswohnung im Palas, den zwei Stockwerke hohen Thronsaal, der wie eine byzantinische Basilika gestaltet ist, und den monumentalen Sängersaal, für den die Wartburg und Richard Wagners Parzival Pate standen. Wer nicht gut zu Fuß ist, sollte den Rundgang nicht unterschätzen: Es geht treppauf und treppab über 300 Stufen. Auch der Zugang zum Schloss ist recht steil und dauert zu Fuß etwa 40 Min.; hier bieten sich Bus und Pferdekutschen als Alternativen an (www.neuschwanstein.de; nur mit Führung, April–Mitte Okt. 9.00–18.00, sonst 10.00–16.00 Uhr; Eintrittskarten nur im Ticket Center in Hohenschwangau, Alpseestr. 12; im Sommer empfiehlt es sich, vorab online zu reservieren: www.ticket-center-hohenschwangau.de. Die Tickets gelten nur für die gebuchte Führung, also rechtzeitig vor Ort sein!).
Auf einer Anhöhe gegenüber, vom markanten Säuling überragt, war **Schloss Hohenschwangau** ein Projekt von König Max II., Ludwigs Vater. Er ließ die verfallene Burg Schwanstein 1832–1836 durch Domenico Quaglio als neugotisches Sommer- und Jagdschloss ausbauen und die Räume thematisch gestalten (Besucherinfos wie Neuschwanstein).
Das **Museum der bayerischen Könige** (Alpseestr. 27, Hohenschwangau, www.museumderbayerischenkoenige.de; tgl. 9.00–17.00 Uhr) rückt die Geschichte der Wittelsbacher ins rechte Licht.
Das **Füssener Seenland** bietet das aktive Alternativprogramm zu den Schlössern. Größtes Gewässer ist der **Forggensee** (nördl.) mit Schifffahrtsbetrieb im Sommer; im Winter wird das Wasser des Stausees abgelassen. Der idyllische **Hopfensee** (5 km nordwestl.) ist stets einige Grad wärmer als seine Nachbarn, der kleine **Alatsee** (6 km westl.) gilt noch als Geheimtipp. Im romantischen **Alpsee** (5 km südöstl.) spiegeln sich beide Königsschlösser.
Die **Wieskirche** (http://wieskirche.de; Sommer 8.00–20.00, Winter bis 17.00 Uhr) bei **Steingaden** (21 km nordöstl.) zählt zu den schönsten Gotteshäusern des Voralpenlands. Die Heilig-Kreuz-Kirche (16./18. Jh.) südl. des Ortes ist alljährlich Ziel des Ulrichsritts (s. S. 119).

Burgruine Falkenstein; Museum der Stadt Füssen; Abendstimmung am Hopfensee

INFORMATION

Kaiser-Maximilian-Platz 1, 87629 Füssen, Tel. 08362 9 38 50, www.fuessen.de

3 Pfronten

In dem von den Tannheimer Bergen eingerahmten Tal bilden 13 Ortsteile – darunter Berg mit der markanten Kirche St. Nikolaus, deren Kirchturmspitze einer Enzianblüte nachgebildet ist – das wichtigste Freizeitzentrum (8000 Einw.) im Ostallgäu. Mit Wintersport und Wandern lockt es fast ganzjährig eine große Fangemeinde.

SEHENSWERT

Auch Fans des Märchenkönigs kommen an Pfronten nicht vorbei. Auf dem 1267 m hohen **Falkenstein** mit seiner Burgruine wollte Ludwig II. ein noch prachtvolleres Schloss errichten

Tipp

Ein Tänzchen mit Gevatter Tod

„Sagt Ja, sagt Nein, getanzt muess sein", lautet das Motto über den zwanzig Kartuschen in der **St.-Anna-Kapelle** des Klosters St. Mang, auf denen der Tod muntere Tänzchen mit den ihm Anbefohlenen vollführt. Ganz gleich ob Kaiser oder Kind, Jungfrau oder Papst – alle müssen sich dem Tod unterwerfen. Jakob Hiebeler malte den Totentanz 1601 als kunterbuntes Bilderbuch über Eitelkeit, Lebenslust und Todesangst.

als Neuschwanstein. Wie es aussehen sollte, zeigt das kleine **Burgmuseum** (Mai–Okt. tgl. 9.00–18.00 Uhr) neben dem Burghotel. Wer mit dem Auto hochfährt, muss Maut bezahlen.

AKTIVITÄTEN
Im **Waldseilgarten** in der Höllschlucht toben sich Schwindelfreie in acht verschiedenen Parcours aus. Wer mag, kann auf Holzplattformen hoch in den Bäumen auch übernachten (Bürgermeister-Franz-Keller-Str., Pfronten-Kappel, www.waldseilgarten-hoellschlucht.de; Sommer tgl. 9.00/10.00–18.00 Uhr, sonst eingeschränkt).

UNTERKUNFT/RESTAURANT
Im **€€€ Burghotel Falkenstein** (Auf dem Falkenstein 1, Tel. 08363 91 45 40, www.burghotel-falkenstein.de) nächtigen die Gäste mit dem berühmten Panorama vor dem Zimmerfenster, in das sich Ludwig II. so verguckt hatte. Auch das Restaurant macht pure Freude.
Das **€€ Hotel Pfronten** (Kirchsteige 10, Tel. 08363 4 51, www.hotel-pfronten.de) ist ein gemütlicher bayerischer Gasthof mit freundlichen Zimmern und Traditionsküche.

INFORMATION
Vilstalstr. 2, 87459 Pfronten,
Tel. 08363 6 98 88, www.pfronten.de

4 Nesselwang

Wie das benachbarte Pfronten kann auch Nesselwang (3500 Einw.) eine Vielzahl an Freizeitmöglichkeiten vorweisen, unter denen Wandern und Skifahren am Alpspitz (1575 m) und Edelsberg (1624 m) an erster Stelle stehen. Auch wenn die Zwiebelhaube von St. Andreas anderes suggeriert, stammt die Kirche vom Beginn des 20. Jh. Nur der schöne Turm blieb vom barocken Ursprungsbau.

AKTIVITÄTEN
Den **Alpspitz** können Feriengäste zu Fuß (ca. 1,5–2 Std.) oder aber bequem per Seilbahn (www.alpspitzbahn.de) erklimmen. Von der Bergstation sind es 30 Min. zum Gipfel und weitere 40 Min. auf den Edelsberg.

UMGEBUNG
Die gotische Kirche **Maria Rain** (4 km nördl.) im Wertachtal überrascht mit einem Rokokodekor, das man in dem schlichten Gotteshaus nie vermutet hätte. Der ursprünglich gotische Hochaltar wurde meisterlich ausgeschmückt; ein geradezu kokett wirkender Engel stemmt die Predigtkanzel.
Wertach (10 km südwestl.) ist Geburtsort einer Allgäuer Geheimwaffe: des Weißlacker. Der geruchsintensive Käse gehört zwingend zu einem guten Kässpätzlerezept. In der Sennerei Wertach (Weißlackerplatz 1, Tel. 08365 12 42; Sennereiführung Di. 15.00 Uhr) gibt's Weißlacker und viele andere Käsesorten zu kaufen.

INFORMATION
Hauptstr. 20, 87484 Nesselwang,
Tel. 08361 92 30 40, www.nesselwang.de

Genießen Erleben Erfahren

DuMont Aktiv

Runter kommen sie immer

Unter den vielen Methoden, von einem Berggipfel abzusteigen, ist die am Alpspitz sicher eine der aufregendsten. Denn der Alpspitz-Kick soll für genau das sorgen: einen tüchtigen Adrenalinkick. Das Abenteuer fängt ganz gemächlich an, mit einer Seilbahnfahrt zur Bergstation. Vor dem Einsteigen werden Helm, Schutzbrille und die Gurte angepasst, in denen ich an einem Stahlseil, neudeutsch Zipline, ins Tal rasen will.

Oben empfängt mich Maxi, kontrolliert den Sitz der Gurte, hilft mir auf eine Plattform, hängt mich ein und schickt mich los. Unter mir der Abgrund, voraus ein waldbestandener Abhang, dazwischen eine Bresche und darauf sause ich jetzt zu – bis zu 120 km/h schnell, heißt es. Kommt mir langsamer vor. Nur das Zischen des Stahlseils ist zu hören. Und irgendjemand schreit. Ich?

Kaum in Fahrt gekommen, taucht vor mir eine weitere Plattform auf. Irgendetwas bremst mich rechtzeitig vor der zur Sicherheit montierten Schaumstoffmatte ab, und Tonis Arme fangen mich auf. Ausklinken, umsteigen, wieder einklinken. Los geht's, das Wertachtal im Blick. Wow!

Nach anderthalb Kilometern Zipline lande ich am Endpunkt schon sehr routiniert. Hier heißt es Ausrüstung abgeben, umsteigen auf die Sommerrodelbahn und ab zur Talstation. Abstand halten bitte!, möchte ich denen zurufen, die wild juchzend hinter mir runterbrettern und immer näher kommen. Aber dann bin ich auch schon am Ziel.

Rasante Talfahrt

Alpspitz-Kick: ab 150 cm Körpergröße, nur bei guter Witterung (Info-Tel. 08361 7 71); 42 €/Erw., 35 €/Kind, inkl. Auffahrt mit Alpspitzbahn

Sommerrodelbahn: ab 8 Jahren, nur im Sommer; Start bei der Mittelstation; 5,70 €/Pers. www.alpspitzbahn.de

Wem Wandern zu harmlos ist oder nicht schnell genug, der kann auch an der Zipline vom Alpspitz zurück ins Tal gelangen, Adrenalinkick inklusive.

Vom Weib zum Wiib

Wo das Allgäu gemütlich zum Bodensee hin ausläuft, zwischen Isny, Wangen und Lindenberg, ist es wie für eine Postkarte gemacht. Auf saftig grünen Weiden frisst sich im Sommer Braunvieh in die Glückseligkeit, und auf den Streuobstwiesen schmücken im Frühjahr Tausende rosa Blüten die Zweige der Apfelbäume. Und dann sind da noch malerische Städtchen hinter uralten Mauerringen – das perfekte Idyll.

Streuobstwiesen gehören zu den artenreichsten Lebensräumen. Im Westallgäu prägen sie seit Jahrhunderten das Landschaftsbild.

Unbewaldete Anhöhen sind in der Adelegg eher die Ausnahme. Der größte Teil des Mittelgebirges ist von Wald bedeckt.

Anfang der 1920er-Jahre lernten die ersten deutschen Skilehrer an den Hängen der Adelegg ihren Beruf.

Zwischen Isny und Kempten verläuft nicht nur die Grenze zwischen Baden-Württemberg und Bayern, sondern auch die Wiib-Weib-Linie. Ein ehemaliger Frontverlauf? Eine Wasserscheide? Nein, die Linie ist unsichtbar und offenbart sich nur bei genauem Hinhören. Zum Beispiel wenn ein Allgäuer über seine Ehefrau spricht. Schwätzt er von seinem Weib oder Wiib? Da wo es Weib heißt, überwiegt der schwäbische Spracheinfluss des Oberallgäus. Geht's aber ums Wiib, hört man niederalemannische Mundart und befindet sich im Westallgäu.

Ein Hügel mit zwei Kirchen

Die Reformation fand in dieser „Grenzregion" besonders viele Anhänger. So stehen in Isny katholische und protestantische Kirche einträchtig Seit an Seit auf einer kleinen Anhöhe gleich am Stadttor. Die ehemalige Klosterkirche St. Georg und St. Jakob bewahrte den Altglauben vor allem für die Landbevölkerung, die mehrheitlich dem Katholizismus treu blieb. Die Nikolaikirche wiederum suchten die Städter auf, die sich mit dem Übertritt zu den Lutheranern meist auch der lästigen Abhängigkeit vom Klerus entledigten – der im Übrigen nicht immer gottesfürchtig war. Über einen Pfarrer von St. Nikolai heißt es, er hätte „ein gar ergerlich leben gefürt" und sei ein „friedhessiger und unverträglicher mann gewesen". 1525 landete er deshalb im Gefängnis, wo er bald darauf starb.

Um derlei Auswüchse zu unterbinden, stifteten begüterte Bürger Prädikantenposten. Der Prädikant sollte den Pfarrer als Prediger unterstützen und nach Erkenntnis streben. Dafür stellte man ihm eine Studierstube zur Verfügung, und die verbirgt sich in St. Nikolai hinter einer schweren, geschmiedeten Tür im Chor. Ein schmaler Gang klettert hinauf in die Prädikantenbibliothek. In dem kleinen, überwölbten Raum mit Butzenscheibenfenstern ist kaum ein Quadratmeter Wand frei. Handschriften und Drucke aus dem 12. bis 16. Jahrhundert stapeln sich in den Regalen, Bibelausgaben, Lutherbriefe, medizinische Abhandlungen – wahre Schätze! Der Prädikant studierte und schrieb, bis ihm förmlich die Finger brannten. Denn die einzige Lichtquelle, eine Kerze, klebte der Studiosus auf den linken Daumennagel.

Ins dunkle Herz des Allgäus

Wie ein dunkles Dreieck ragt der Gebirgszug der Adelegg östlich von Isny in das ländliche Idyll. Mit dichten Tannen- und Fichtenwäldern bedeckt und von tiefen Tobeln durchfurcht, ist die Gegend unwegsam und auch ein wenig

Vom 17. bis Ende des 19. Jahrhunderts waren in der Adelegg mehrere Glashütten angesiedelt. Im Glasmacherdorf Schmidsfelden wurde das traditionelle Handwerk neu zum Leben erweckt.

Auf Isnys Blaserturm wachte im Mittelalter rund um die Uhr ein Türmer über die Stadt. Drohte Gefahr durch Feuer oder anrückende Feinde, gab er mit einem Signalhorn Alarm.

Selber nähen ist wieder schwer im Kommen. In der Kleinen Scheune Isny findet man hochwertige Stoffe und originelle Accessoires.

Der Kernbereich des Wurzacher Rieds gilt als größte zusammenhängende, noch intakte Hochmoorfläche Europas. Hochmoore heißen nicht so, weil sie in großer Höhe liegen, sondern weil sie – über Jahrhunderte und Jahrtausende – langsam in die Höhe wachsen. Sie speisen sich ausschließlich aus Regenwasser, mit dem sich das Torfmoos wie ein Schwamm vollsaugt, und sind deshalb sehr empfindlich.

Wie das Wurzacher Ried steht auch der Eistobel bei Isny (Mitte rechts) unter Naturschutz. Die von der Oberen Argen im Lauf von Jahrtausenden ausgewaschenen Strudellöcher, Kaskaden und Wasserfälle erschließt seit 1884 ein gesicherter Wanderweg.

Mehr als 200 Jahre lang wurde im Wurzacher Ried Torf gestochen, als Brennmaterial oder für den Gartenbau. Auf dem anderthalb Kilometer langen Torflehrpfad (ganz oben) oder bei einer Fahrt mit der Torfbahn kann man das Ried und die Spuren des Torfabbaus entdecken.

Der prachtvolle barocke Rittersaal von Schloss Wolfegg ist nur bei Konzerten im Rahmen der Ludwigsburger Schlossfestspiele zugänglich.

Hutmode

Mit Pariser Chic

Der Hutfabrikation war in Lindenberg eine zwar kurze, aber heftige Blüte beschieden.

Das Allgäu im 19. Jahrhundert verbindet man gemeinhin eher mit Landwirtschaft denn mit eleganter Herren- und Damenmode, und doch war es ein Allgäuer, der angeblich in Florenz die Strohhutflechterei erlernte und damit in der Heimat Furore machte. 1910 zählte Lindenberg vierzehn Hutfabriken mit 3000 Mitarbeitern und produzierte acht Millionen Kopfbedeckungen pro Jahr. Auf dem Höhepunkt des Hutbooms sollen sogar über dreißig Produktionsstätten in Lindenberg an der Behütung der ganzen Welt gearbeitet haben.

Was dann wohl den Ausschlag gab für den rasanten Absturz? Waren es die schicken Dauerwellfrisuren, die von Damenhüten zerdrückt wurden? War es der Siegeszug des Autos, in das frau mit Hut einfach nicht hineinpasste? Jedenfalls stand Lindenberg plötzlich ohne seine Hauptarbeitgeber und -steuerzahler da, etwa die berühmte Hutfabrik Reich. Nur die Firma Mayser blieb übrig. Deren Hüte fertigen nun allerdings fleißige Hände in Osteuropa.

Deutsches Hutmuseum in Lindenberg

Dass der Hut dennoch nicht in Vergessenheit gerät, dafür sorgt die spannende Ausstellung des Lindenberger Hutmuseums, die in den Räumlichkeiten des Reich'schen Fabrikgebäudes Luft und Raum hat, um zu wirken.

unheimlich. Wer auf dem Glasmacherweg von Kreuzthal nach Schmidsfelden wandert, mag kaum glauben, dass noch vor hundert Jahren die Freiflächen den Waldanteil fast überstiegen. Anfang der 1920er-Jahre galt die Adelegg als beliebtes Wintersportgebiet; die ersten deutschen Skilehrer lernten an ihren Hängen den Beruf. Wegbereiter waren übrigens Bergbauern und Glasbläser, die das Gebirge ab dem 17. Jahrhundert gerodet hatten. Als die Landwirtschaft zu mühsam wurde und das Glasblasen auch nichts mehr einbrachte, zogen die Menschen weg. „Pflanzenweiber", so erzählt es der passionierte Adelegger Rudi Holzberger in seinem Buch über den Waldberg, haben die ungenutzten Bergweiden aufgeforstet. Den Rest besorgte die Natur. Heute beträgt der Waldanteil wieder neunzig Prozent. In Schmidsfelden ist neues Leben eingekehrt. Restaurierte Häuser, kunterbunte Sommergärten und die Glasmanufaktur Michaelis zeigen an, dass sich das verlassene Glasbläserdorf zum vitalen Mittelpunkt einer Glaskünstlerszene entwickelt.

Das Leben eines Taugenichts

Wahrscheinlich gibt es nicht viele Städte wie Wangen im Allgäu. Des romantischen Ortsbilds wegen natürlich, aber vor allem wegen der beiden Museen,

„In Wange bleibt ma hange!", behaupten die Wangener stolz. Die denkmalgeschützte Altstadt mit Türmen und Toren, Patrizier- und Handwerkerhäusern hat einen besonderen Reiz.

Die „Seelen" vom Fidelisbäck sind berühmt – Minibaguettes der etwas schwereren, schwäbischen Art, mit Kümmel und Salz bestreut.

Das Café Walfisch (ganz oben) hat seinen Namen vom barocken Fresko an der Hausfassade, das die biblische Geschichte von Jona und dem Wal erzählt.
Der ans Rathaus angebaute Pfaffenturm (13. Jahrhundert) verbindet Marktplatz und Postplatz. Über dem Torbogen birgt der Turm heute das kleine Trauzimmer des Standesamts.

Einer der schönsten historischen Straßenzüge Süddeutschlands ist die Wangener Herrenstraße, die im Norden durch das prächtig bemalte Frauentor abgeschlossen wird.

die dem Schriftsteller Joseph Freiherr von Eichendorff (1788–1857) und dem Publizisten Gustav Freytag (1816–1895) gewidmet sind. Beide hatten, man darf es so sagen, rein gar nix mit Wangen zu tun. Sie haben die Stadt nie betreten und nie über ihre prachtvolle Herrenstraße geschrieben. Der einzige Grund, sie hier zu feiern, ist das Heimweh zweier aus Schlesien geflüchteter und in Wangen gestrandeter Verehrer. Willibald Köhler, Leiter der im Zweiten Weltkrieg zerstörten Eichendorff-Gedenkstätte im schlesischen Neisse/Nysa, baute in Wangen aus dem Wenigen, was er hatte retten können, ein Privatmuseum auf. Irgendwann hat die Stadt es übernommen und dem Autor des „Taugenichts" sogar ein hübsches Denkmal spendiert. Mit Gustav Freytag lief es ähnlich. Beide Museen sind heute Teil eines Ausstellungsverbunds in der historischen Eselsmühle. Wer sich nicht für Eichendorff/Freytag interessiert, findet Anregendes vielleicht in der Abteilung zur Käserei. Oder in der original erhaltenen Badstube von 1589.

Schöne neue Ferienwelt

Der Urlauer Tann, ein Waldstück bei Leutkirch, hat die Westallgäuer Landschaft viele Jahre lang gründlich verschandelt. Im zweiten Weltkrieg Standort der Heeresmunitionsanstalt Urlau, in der u. a.. chemische Kampfstoffe gelagert wurden, fungierte er danach als Munitionsdepot der US-amerikanischen Streitkräfte und schließlich der Bundeswehr. Als die 2007 abzog, scheiterten mehrere Versuche, das Gelände industriell zu nutzen, bis 2009 das auf Freizeitparks spezialisierte Unternehmen Center Parcs Europe die Federführung übernahm. Im Tann entstand eine gigantische Feriensiedlung mit tausend Häusern, einem Country Club und einem zentralen „Market Dome", dessen Herzstück wiederum eine 6000 Quadratmeter große tropische Wasserwelt bildet. Ebenso gigantisch waren Probleme und Verzögerungen bei dem Projekt. Im November 2018 konnte es endlich seine Tore öffnen.

BRAUCHTUM IM WANDEL

Butzentreiben im Ostrachtal

Buben mit furchterregenden Masken rannten früher in den Fasnachtstagen durch die Dörfer im Ostrachtal bei Bad Hindelang. Nach dem Beispiel ihrer alemannischen und keltischen Vorfahren trieben sie so die bösen Wintergeister aus. Der alte Brauch wäre beinahe verschwunden, hätten sich Trachtenverein und Heimatdienst nicht seiner angenommen.

Grad gemütlich wär's beim Ehepaar Lipp, starrten den Gast nicht von den Wänden fürchterliche Grimassen an. Aufgereiht hängen da „d'Heanlare" (die Gehörnte), „Zahnluckare" (die mit der Zahnlücke), „Breitmülare" (die mit dem breiten Maul) und noch ein paar andere gruselige Masken mit weit aufgerissenen Mündern, Riesennasen und Fellverbrämung. Butzenlarven nennt man sie in Hinterstein, und gschnipfelt, also geschnitzt, hat sie Konrad Lipp.

Immer seltener im Einsatz

„Früher hat's ja kein Fernseher, kein Radio, kein Computer gegeben, da sind die Buben in der Fasnacht mit der Larve im Dorf rumgrennt", erläutert der Hintersteiner. Die furchterregenden Masken, mit denen die jungen Männer beim Butzentreiben das Dorf unsicher machten, faszinierten ihn, und so fing er mit dem Schnipfeln an. „In erster Linie für mich selber, und später habe ich sie dann ausgeliehen für den Umzug."

Eine Menge Larven sind im Lauf der Jahre zusammengekommen, aber verwendet wurden sie immer seltener. Um ein Haar wäre der Brauch verlorengegangen, doch Konrad Lipp gibt erleichtert Entwarnung: „Jetzt gibt es wieder einen Umzug, und da laufen die Larventräger mit."

Jede Larve sieht anders aus

Es gibt deutliche Unterschiede zur wesentlich bekannteren schwäbisch-alemannischen Fasnacht mit ihren großen Festumzügen Hunderter von Maskenträgern. „Bei uns sieht jede Larve anders aus. Im schwäbisch-alemannischen Bereich sind die Larven einer Gruppe alle vom gleichen Typ. So eine Gruppe umfasst vielleicht dreißig, vierzig oder fünfzig ähnliche Gesichter. Bei uns hat jede ein ganz anderes Gesicht", erklärt Konrad Lipp die Unterschiede. „Jeder schnitzt die Larve nach seiner Idee ... Ich bemale meine Larven ja auch. Eine Larve lebt nur, wenn sie bemalt und wenn ein Fell drauf ist. Die Farbspiegelung, wenn die Sonne draufscheint, das ist doch grad das Schöne."

Mit Warze oder Kropf

In der Werkstatt liegen und hängen Larven in unterschiedlichsten Stadien. Woher nimmt Konrad Lipp die Ideen für die Gesichter? Zum Teil folgt er den traditionellen Modellen, die seit Ende des 18. Jahrhunderts überliefert sind. Schnitzt er denn auch nach lebendem Vorbild? „Nicht wirklich. Höchstens wenn einer einen Kropf hat oder eine Warze im Gesicht oder richtig wiescht oder zahnluckert ist", lacht Konrad Lipp, nimmt das Schnitzeisen zur Hand und macht sich an die Arbeit.

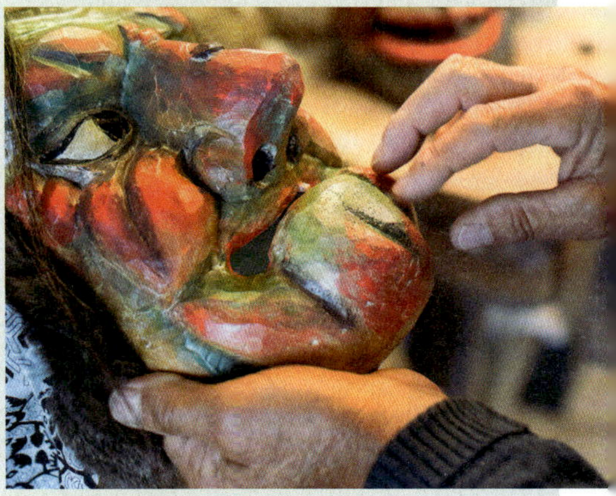

Konrad Lipp und seine „wieschten" Geschöpfe in der Werkstatt in Hinterstein

In und um Hinterstein treiben die Butzen ihr wildes Spiel – allerdings nur im Winter.

Alte Fasnachtsbräuche

Butzen: Beim Umzug am Faschingssonntag machen etwa dreißig Larventräger mit Rösslesglitt (Pferdeschellen) und Saublôtern (Schweineblasen als Fruchbarkeitssymbol) Hindelang unsicher. Schon davor ziehen als Butzen verkleidete Buben in Hinterstein von Haus zu Haus und sagen alte Bettelsprüche auf. Belohnt werden sie mit Eiern, Mehl, Zucker und Schmalz, aus denen der örtliche Bäcker Butzenzöpfe für sie bäckt.

Ausstellung: Einige Larven sind im Heimatmuseum in der Oberen Mühle (s. S. 64) zu besichtigen.

Allgemeine Infos zum Brauchtum: www.heimatdienst-hindelang.de

BAD WALDSEE
BAD WURZACH
AULENDORF
LEUTKIRCH im Allgäu
WEINGARTEN
RAVENSBURG
WANGEN im Allgäu
ISNY im Allgäu
TETTNANG
LINDENBERG im Allgäu
LINDAU (Bodensee)
Wolpertswende
Bergatreute
Baindt
Baienfurt
Schlier
Waldburg
Wolfegg
Kißlegg
Vogt
Grünkraut
Bodnegg
Amtzell
Argenbühl
Neukirch
Heimenkirch
Hergatz
Sigmarszell
Weißensberg
Hergensweiler
Scheidegg
Weiler
Simmerberg
Oberstaufen
Kressbronn
Wasserburg (Bodensee)
Bodolz
Hörbranz
Lochau
Möggers
Eichenberg
Tannheim
Aitrach
Aichstetten
Gestratz
Grünenbach
Maierhöfen
Röthenbach
Stiefenhofen
Oberreute
Bodensee
SCHWEIZ
Oberschwäbische Barockstraße
Deutsche Alpenstraße
Deutsche Alleenstraße
Schwäbische Bäderstraße
Maßstab 1:200.000
0
2
4km
1
2
3
4
5

Buckelhügel und Fachwerkgotik

Gewelltes Hügelland, Moorseen und malerische Altstädte summieren sich im Westallgäu zum wenig spektakulären, aber umso genüsslicheren Ferienglück. Wanderungen erschließen zwischen Isny, Wangen und Lindenberg überraschende Naturschönheiten.

1 Isny

Die im 11. Jh. zeitgleich mit einem Benediktinerkloster gegründete Stadt (14 000 Einw.) hat mehrere Brände überstanden und entfaltet mit ihren den Marktplatz einrahmenden historischen Bauten ein reizvolles Bild. Die freie Reichsstadt trat 1529 zum protestantischen Glauben über, was zu Konflikten mit dem Kloster führte.

SEHENSWERT

Durch das **Wassertor** (15. Jh.) im Nordosten betritt man den ehemals geistlichen Bereich. **St. Georg und St. Jakob,** das zum einstigen Benediktinerkloster (heute „Schloss" genannt) gehörte, wurde bereits 1042 gegründet und nach dem Stadtbrand 1631 als Barockkirche neu errichtet. Innen schaffen weißer Rokokostuck und helle Heiligen- und Engelsfiguren von Hans Jörg und Matthäus Gigl aus Wessobrunn einen strahlenden Rahmen für die dunklen Altäre. Die protestantische **Nikolaikirche** bietet das Kontrastprogramm absoluter Schlichtheit, akzentuiert durch zeitgenössische Glasfenster von Wolf-Dieter Kohler, die Ulrich Henns monumentale Kreuzigungsgruppe in magisches Licht rücken. Der eigentliche Schatz verbirgt sich hinter einer niedrigen Eisentür im Chor: Ein schmaler, steiler Gang führt zur **Prädikantenbibliothek** (nur mit Führung, Ostern–Mitte Okt. Mi. 10.30 und 1. Sa. im Monat 15.30 Uhr). In dem mit kostbaren Büchern bestückten Studierzimmer bildeten sich die Prediger fort.
Hallgebäude und **Blaserturm** am Marktplatz (beide 15. Jh.) hatten ganz profane Zwecke. Unter den Arkaden des „Tuchhauses" wurde gehandelt, und vom Blaserturm aus vor Stadtbränden gewarnt, nicht immer erfolgreich.
Stadtapotheke und **Rathaus** gegenüber sind typische ehemalige Patrizierhäuser, die im 16./17. Jh. aus mehreren gotischen Bauten zusammengefasst und barockisiert wurden.

EINKAUFEN

Beim Lagerverkauf **Outdoor & Sport** (Obertorstr. 16, www.outdoor-rudhart.de) lässt sich so manches Markenschnäppchen machen; oder aber Sie greifen zu einem kultigen T-Shirt des jungen Allgäuer Labels „Freistaat Allgäu".

UNTERKUNFT/RESTAURANT

Herzliche Gastfreundschaft umfängt Sie im **€€ Brauereigasthof Engel** (Bahnhofstr. 36, Tel. 07562 97 15 10, www.engel-isny.de). Zum allgäutypischen Essen im hoteleigenen Restaurant schmeckt das im Haus gebraute Bier.

Schmidsfelden: historische Glashütte; Isny: Espantor; Logenplatz im Allgäu

UMGEBUNG

Ein Pilgerort für Literaturfans verbirgt sich in **Großholzleute** (5 km südöstl.). Im behäbigen Gasthof Adler mit hübschem Biergarten tagte vom 31. Oktober bis 2. November 1958 die literarische Vereinigung „Gruppe 47". Hier stellte u. a. der spätere Literaturnobelpreisträger Günter Grass „Die Blechtrommel" vor. Leider steht der Gasthof seit geraumer Zeit leer.
Durch den 3,5 km langen, bis zu 130 m tief eingeschnittenen **Eistobel TOPZIEL** (8 km südl., Eingang am Infopavillon bei der Argentobelbrücke zwischen Maierhöfen und Grünenbach, SS 1318, www.eistobel.de) rauscht die Obere Argen über Wasserfälle und Felsblöcke. Im Winter ist die Schlucht offiziell gesperrt, jedoch auf eigene Verantwortung begehbar – mit Umsicht, warmer Kleidung und gutem Schuhwerk ein besonders stimmungsvolles Erlebnis.
Wie ein Inselberg erhebt sich die dicht bewaldete **Adelegg** aus der sanften Voralpenlandschaft östlich von Isny. Besiedelt wurde der zur Nagelfluhkette gehörende Höhenzug erst spät; das Glasmacherdorf **Schmidsfelden** (12 km nordöstl.) mit Wurzeln im 19. Jh. wurde vor wenigen Jahren wiederbelebt. Heute arbeiten verschiedene Kreative in den ehemaligen Glasmacherhäusern; in einer Glashütte mit angeschlossenem Museum können Besucher bei der Produktion zusehen und Glas kaufen (www.schmidsfelden.net, Ostern–Mitte Nov. Di.–Fr. 10.00–12.30, 14.00–17.00 Uhr, Sa. nur nachm., So. durchgeh.).

INFORMATION

Unterer Grabenweg 18, 88316 Isny im Allgäu, Tel. 07562 97 56 30, www.isny.de

2 Lindenberg

Vom Pferdehandel über Strohhüte zu Luftsteuerungssystemen – der geschäftige Luftkurort (11 000 Einw.) wusste seine Bürger schon immer zu ernähren. Berühmt ist Lindenberg bis heute für die hohe Qualität seiner Hutmacher, wenn auch das letzte verbliebene Unternehmen, die Mayser GmbH, nicht mehr im Allgäu produziert.

MUSEUM

Das spannend konzipierte **Hutmuseum** (Museumsplatz 1, www.deutsches-hutmuseum.de; Di.–So. 9.30–17.00 Uhr) im ehemaligen Fabrikgebäude der Firma Reich, die von 1852 bis Ende der 1990er-Jahre in Lindenberg Hüte herstellte, entführt Sie auf eine Reise durch Geschichte und Universum der Hutmacherei).

UMGEBUNG
Der **Waldsee** (2 km westl.) ist ein beliebtes Badegewässer mit Freibad. Auf einem Lehrpfad kann man den Moorsee in 45 Min. umrunden und viel über das Ökosystem Moor erfahren. Von einem Parkplatz an der B 308 führt ein Pfad hinunter zur Aussichtsplattform am ersten der beiden **Scheidegger Wasserfälle** (5 km westl., www.scheidegg.de; April–Okt. bei gutem Wetter tgl. 9.00–19.00 Uhr). In zwei Abschnitten stürzt der Rickenbach hier in einen 48 m tiefen Talkessel der Rohrachschlucht. Über 237 steile Stufen mit weiteren Aussichtsplattformen geht es hinunter an den Fuß des zweiten Falls.

INFORMATION
Museumsplatz 1 (ehem. Hauptstr. 21),
88161 Lindenberg im Allgäu,
Tel. 08381 9 28 43 10, www.lindenberg.de

③ Wangen im Allgäu

Eine Altstadt wie aus dem Bilderbuch erwartet die Besucher im Hauptort (27 600 Einw.) des württembergischen Allgäus. Im 9. Jh. erstmals bezeugt und ab dem 13. Jh. freie Reichsstadt, prosperierte Wangen dank seiner Webereien und Schmieden. Heute tragen mehrere Großkäsereien zum Einkommen bei.

SEHENSWERT
Mittelpunkt der Altstadt ist der **Marktplatz** (Do. Wochenmarkt) vor der Kulisse des barocken **Rathauses** und des **Hinderofenhauses** im Stil der Renaissance. Von hier nach Norden führt die **Herrenstraße** an prachtvollen, teils noch gotischen Hausfassaden entlang auf das in der Renaissance umgestaltete **Frauentor** zu. Auch entlang der malerischen **Paradiesstraße** reiht sich ein sehenswertes Anwesen ans nächste; das **Walfischhaus** mit dem namensgebenden Fresko ist besonders dekorativ. Gleich nebenan residiert der Fidelisbäck, der für die Allgäuer Seelen – aus Dinkelmehl gebackene „Minibaguettes" – ebenso berühmt ist wie für seinen Leberkäse. Die Straße endet am prächtigen gotischen **St.-Martins-Tor,** das wie sein Pendant im Norden Anfang des 17. Jh. einer Runderneuerung unterzogen wurde.

MUSEEN
Mehrere Ausstellungen, u. a. zur Käserei, zum Schriftsteller Josef Freiherr von Eichendorff und zur Stadtgeschichte, sind in den **Städtischen Museen in der Eselmühle** zusammengefasst (Eselberg 1, www.amv-wangen.org; April–Okt. Di.–So. 14.00–17.00, Sa. ab 11.00 Uhr).

RESTAURANTS
Beim **€ Fidelisbäck** (Paradiesstr. 3, Tel. 07522 79 59 31, www.fidelis1505.de; So. geschl.) müssen es Seelen und Leberkäs sein, ob zusammen oder einzeln!
Das **€€€€ Landgasthaus Adler** in Wangen-Deuchelried (Obere Dorfstr. 4, Tel. 07522 70 74 77, www.adler-deuchelried.de; Mo., Di. geschl.) etabliert sich als aufstrebende Gourmetadresse.

Scheidegg: Café Margit & Fehl (s. S. 24); Scheidegger Wasserfälle; Leutkirch: Gänsbühl mit Gänselieselbrunnen und Bockturm

INFORMATION
Bindstr. 10, 88239 Wangen im Allgäu,
Tel. 07522 7 42 11, www.wangen.de

④ Leutkirch

Die heute von Gewerbe und Industrie geprägte ehemalige Reichsstadt (22 000 Einw.) kann ihre Geschichte bis ins 9. Jh. zurückverfolgen, als hier eine „Leutekirche" für zwei Dörfer stand.

SEHENSWERT
Die schmucke **Marktstraße** hält mit der Hausnummer 32 (Tourist-Info) eine Überraschung bereit; das Ende des 14. Jh. errichtete **Gotische Haus** gibt sein Geheimnis allerdings erst von der Hofseite aus preis: Auf den unteren beiden gemauerten Stockwerken ruhen Etagen in Bohlenständerbauweise. Wenige Schritte weiter schmücken das **Rokokorathaus** und der mittelalterliche **Bockturm** den Gänsbühl. Auch das **Haus zum Bock** stammt aus gotischer Zeit; sein mächtiges Walmdach erhielt es im Barock.

RESTAURANTS
Bodenständig-schwäbisch werden die Gäste der **€€ Goldenen Krone** satt (Kornhausstr. 6, Tel. 07561 91 46 48, www.restaurant-goldene-krone-leutkirch.de; Di., Mi. geschl.).
Als Tee-Café mit Kunstgewerbe bietet sich das sympathische **€€ Lamm3** an (Lammgasse 3, Tel. 07561 9 85 26 01, www.lamm3.de; Mi., So. geschl.), in dem es eben das gibt: Kaffee, Tee, täglich wechselnde Suppen sowie ausgesuchtes Kunsthandwerk aus der Region.

UNTERKUNFT
Es mag Geschmacksache sein, aber für Urlauber, die ein Rundumpaket aus Unterhaltung und Versorgung schätzen, ist der 2018 eröffnete **€€€/€€€€ Centerparcs Park Allgäu** (7 km südöstl., Allgäuallee 40, Tel. 07561 9 09 50, www.centerparcs.de) das Höchste. Ein tropisches Badeparadies mit 165 m langer Wildwasserbahn sowie in luftigen Hallen untergebrach-

Tipp

Im Auto um die Welt

Genau genommen gehört Bad Waldsee (13 km westl. von Bad Wurzach) nicht mehr zum Allgäu, sondern zu Oberschwaben, doch ein „grenzüberschreitender" Ausflug lohnt sich. Im **Erwin-Hymer-Museum** geht's um die faszinierende Welt des mobilen Reisens. Angefangen bei einem Schäferkarren von 1850 schlägt die Ausstellung mit über 250 Fahrzeugen einen Bogen über Jahrhunderte, Erdteile und Modelle – ein Muss für jeden Wohnmobilfan!

Tgl. 10.00–18.00, Do. bis 21.00 Uhr;
Robert-Bosch-Str. 7, Bad Waldsee,
www.erwin-hymer-museum.de

„Wenn me 6 Allgeier breinand beigt, no isch dr oberscht so vrdruckt wie dr unterscht!"
Inschrift am Spuckbrunnen in Wangen

ten Spiel- und Freizeitflächen gaukeln ewige Sommerfreuden vor.

UMGEBUNG
Anmutig liegt **Kißlegg** (13 km südwestl.) zwischen zwei Moorseen. Mit gleich zwei Schlössern (16. und 18. Jh.) ist der Ort hochherrschaftlich ausgestattet. Besuchenswert ist die 1734 bis 1738 von Johann Georg Fischer mit üppigem Barock ausstaffierte Basilika **St. Gallus und Ulrich,** deren romanischer Ursprung nur noch in der Architektur erkennbar ist.
Wolfegg (23 km westl.) setzt den barocken Highlights der Region die Krone auf. Leider ist der berühmte **Rittersaal** mit seinem vermutlich von Johann Martin Zick stammenden Rocailleschmuck und allegorischen Deckenfresken nur anlässlich der Wolfegger Konzerte (www.wolfegger-konzerte.de) zu genießen. Eindrucksvoll präsentiert sich die Renaissanceanlage mit ihren farbigen Fresken im Innenhof.

INFORMATION
Marktstr. 32, 88299 Leutkirch im Allgäu, Tel. 07561 8 71 54, www.leutkirch.de

5 Bad Wurzach

Die Kleinstadt (14 600 Einw.) in stiller Hochmoorlandschaft hat die Gunst der Natur genutzt und sich als beliebtes Moorheilbad etabliert. Allerdings erst in der ersten Hälfte des 20. Jh., und der Motor hinter der Entwicklung war kein Kuramt. Vielmehr setzten ab 1936 die Klosterschwestern von Maria Rosengarten die Heilkraft von Torf und Wasser systematisch ein.

SEHENSWERT
Den unaufgeregten Kurort dominiert das im 18. Jh. erbaute Schloss mit einem fantastischen **Barocktreppenhaus** (Marktstr. 9; April–Okt. tgl. 8.00–18.00, sonst bis 17.00 Uhr frei zugänglich); in der Kuppel darüber schwingt sich Herkules hinauf in den Götterolymp. Das ab dem 16. Jh. bestehende **Kloster Maria Rosengarten** beherbergt heute die Tourist- Info und die spannende Multimedia-Erlebnisausstellung „Moor extrem" des **Naturschutzzentrums Wurzacher Ried** (Rosengarten 1, www.wurzacher-ried.de; April–Okt. 10.00–18.00, sonst bis 17.00 Uhr). Die Hauskapelle im ersten Stock ist ein Schatzkästchen des Rokokos (zu den Öffnungszeiten zugänglich).

AKTIVITÄTEN
Gut ausgeschilderte Rad- und Wanderwege führen durch die charakteristische, teils noch aus der Eiszeit stammende Flora im **Wurzacher Ried,** u. a. zum **Oberschwäbischen Torfmuseum** (Dr.-Harry-Wiegand-Str. 4, www.torfbahn.de; April–Okt. 2. So. und 4. Sa. im Monat, 13.00 bis 17.00 Uhr). Von dort fährt auch die nostalgische **Torfbahn** zum Zeiler Torfwerk (an Öffnungstagen des Museums 13.30, 14.30, 15.30 Uhr).

INFORMATION
Rosengarten 1, 88410 Bad Wurzach, Tel. 07564 30 21 50, www.bad-wurzach.de

Genießen Erleben Erfahren

DuMont Aktiv

Das Allgäu aus der Vogelperspektive

Kein Vergnügen ohne Mühe, wobei sich die Anstrengung in Grenzen hält, wenn man über Rampen und Stufen bis zur 40 m hohen Aussichtsplattform des Skywalk hinaufspaziert. Grenzenlos hingegen ist das Panorama mit Alpen und Bodensee! Und das Beste: Der Skywalk ist barrierefrei. Wer keine Stufen gehen kann oder will, nimmt einfach den Lift nach oben.

Fast wie ein Vogel fühlt man sich auf Baumwipfelhöhe. Mit etwas Muße lassen sich im Blättergrün interessante Naturbeobachtungen machen: Ist das tatsächlich ein Buntspecht dort drüben, sozusagen Aug in Aug? Oben angekommen, wartet auf Schwindelfreie ein Abenteuer, denn den Abschluss bilden ein Geschicklichkeitsparcours und eine wild abwärts mäandernde Rutschbahn. Man kann aber auch gemächlich wieder absteigen.

Außer dem Zickzacksteg von 500 m Länge hat der Naturerlebnispark noch einiges mehr zu bieten, vor allem für Kids. Abenteuerspielplatz, Streichelzoo, Barfußpfad ... Wetten, dass Sie Ihre Kinder hier nicht so schnell loseisen können?

Skywalk Naturerlebnispark Allgäu

Anschrift: Oberschwenden 25, 88175 Scheidegg, Tel. 08381 8 96 18 00, www.skywalk-allgaeu.de

Öffnungszeiten Ende März–Okt. tgl. 10.00 bis 18.00, Nov., Dez. Do.–So. 11.00–17.00 Uhr
Eintritt: 9,80 €/Erw., 7,80 €/Kind, 32 €/Familie

Auf Augenhöhe mit den Baumwipfeln, dazu ein großer Abenteuer- samt Matschspielplatz – der Skywalk bei Scheidegg bietet alle Voraussetzungen für einen spannenden Tag in der Natur.

Die buntesten Feste und Festivals

Von Alphorn bis Electro-Sound

Die Allgäuer verstehen es, auf den verschiedensten Bühnen zu feiern, ob beim Mittelaltermarkt, Alphornblasen oder Techno-Festival. Damit Sie den Überblick nicht verlieren, hier die lebhaftesten und originellsten Anlässe, sich mal so richtig gehen zu lassen – oder besinnlich zu genießen.

1 Viel Feind, viel Ehr

Das Frundsbergfest, das die Mindelheimer alle drei Jahre mit Prunk und Paraden, Markttreiben, Musik und Schauspiel begehen, erinnert an einen der Ihren, der als „Vater der Landsknechte" in die Geschichte eingegangen ist. Georg von Frundsberg wurde 1473 auf der Mindelburg geboren und revolutionierte die Kriegsführung, indem er das mittelalterliche Ritterideal in die Rüstkammer verbannte und auf effektive Fußtruppen setzte: die Landsknechte.

Frundsbergfest: Mindelheim, alle drei Jahre (2021) Ende Juni/Anf. Juli, www.frundsbergfest.de

2 Mit barockem Prunk

Überirdisch schöne Resonanzräume für himmlische Klänge – wozu sonst sollten Meisterbildhauer, -stukkateure und -maler die Kulissen von Basilika und Kaisersaal in Ottobeuren entworfen haben? Wenn das Kloster zur Konzertsaison ruft, sollten Sie folgen. Selten verschmelzen barocker Prunk und Orchesterklang zu einer so perfekten Symbiose. Und wenn dann noch ein Chor jubiliert, hören selbst die himmlischen Heerscharen andächtig zu.

Ottobeurer Konzerte: Basilika oder Kaisersaal, Sommerhalbjahr, www.ottobeuren.de

3 Füssen ohne Kini …

… jedenfalls ohne Ludwig II., denn der hat erst im 19. Jh. gelebt. Aber wenn in der malerischen Altstadt die Renaissance wieder auflebt, darf ein gekröntes Haupt natürlich nicht fehlen. Maximilian I., König und Kaiser, bietet sich an, immerhin war er häufig hier. Folgen wir ihm und seinem Hofstaat also durch ein Füssen, wie es vor 500 Jahren gewesen sein mag, inklusive Feldküche, Falknervorführungen und Schwertkämpfen.

Füssen in der Renaissance: Festzug/Mittelaltermarkt, letztes Juniwochenende, www.fuessen.de

4 Fromm, festlich, fröhlich

St. Georg, dem Drachentöter, ist das ursprünglich romanische Kirchlein auf dem Auerberg geweiht. Als Schutzpatron der Bauern ist er auch für das Vieh zuständig, weshalb man ihm an seinem Namenstag, dem 23. April, die Pferde zur Segnung zuführte. Bis heute ist die Pferdewallfahrt am Auerberg einer der malerischsten Bräuche des Allgäus – ähnlich wie wenige Kilometer östlich der Ulrichsritt zum Kreuzberg (Foto). Die festlich geschmückten Reiter und Pferde empfangen nach dem Gottesdienst den Segen, und dann wird gefeiert!

Georgiritt: Bernbeuren, letzter April-So., www.georgirittverein-auerberg.de
Ulrichsritt: Steingaden, Anf. Juli, www.steingaden.de

5 Fischers Fritze

Die nackten Fakten: Ulkig verkleidete Mannsbilder stürzen sich mit Käschern ins Wasser, und wer den schwersten Fisch herauszieht, wird Fischerkönig. Der historische Hintergrund: Seit 1597 wurde der Memminger Stadtbach einmal im Jahr von Unrat befreit, nachdem zunächst die Forellen abgefischt und verspeist worden waren. Heute braucht's die Reinigung nicht mehr – doch um das Abfischen und Verspeisen wurde Ende des 19. Jh. ein buntes Fest gestrickt. Tierquälerei, uralter Brauch oder beides? Das Urteil sei jedem selbst überlassen.

Fischertag: Memmingen, vorletzter Juli-Sa., www.fischertagsverein.de

6 Kinder an die Macht

Schon Tage vorher ist kein Durchkommen in Kaufbeurens guter Stube. Die Altstadt wird mit Marktbuden tapeziert, Fahnen hängen aus den Fenstern, Tribünen werden gezimmert. Zehn Tage dauert das älteste historische Kinderfest Bayerns, mit Marketendern, Herzögen und Rittern. Das abendliche Lagerleben in der Altstadt besitzt ein ganz besonderes Flair. Höhepunkt ist der Sonntag, wenn 1500 Kinder im großen Festzug die Geschichte der Stadt lebendig werden lassen.

Tänzelfest: Kaufbeuren, Mitte Juli, www.taenzelfest.de

7 Die Wunschfeuer

Heidnisches Brauchtum hat sich vielerorts bruchlos in den christlichen Jahreslauf gefügt, so auch die Feiern zur Sonnwende am 21. Juni. Da drei Tage später zufällig die Geburt von Johannes dem Täufer gefeiert wird, hat man beide Feste einfach am 24. Juni zusammengelegt. Zu Johanni also errichten viele Allgäuer Gemeinden Holzstöße, die nach Einbruch der Dunkelheit entzündet werden. Wer über das Feuer springt, kann dabei einen Wunsch aussprechen, der sich gewiss erfüllt.

Johannisfeuer: 24. Juni, z. B. in Nesselwang oder Scheidegg

8 Abschied von der Alp

Hundert Tage, von Juni bis September, dürfen die Rinder auf den Alpen weiden, dann heißt es Abschied nehmen und den Weg ins Tal antreten. Mit Blumengestecken geschmückte Kranzrinder führen die Herde an. Das tiefe Schellen der Glocken, das Muhen der Rinder und die aufmunternden Rufe der Sennen sind auf dem Scheidplatz zu hören, lange bevor die Tiere eintreffen und zu ihren jeweiligen Besitzern zurückkehren. Das farbenprächtige, traditionsverbundene Spektakel steht für sich selbst – die staunenden Touristen sind nur Beiwerk.

Viehscheid: z. B. in Bad Hindelang-Hinterstein oder Schöllang, etwa Mitte Sept., www.allgaeu-viehscheid.de

9 Tief Luft holen

... so stellen sich Flachlandbewohner das Alphornblasen vor. Dabei liegt die hohe Kunst nicht in der Wucht der Luftzufuhr, sondern in deren feiner Dosierung. Früher wegen der weit tragenden Töne von den Hirten als Kommunikationsmittel genutzt, sozusagen als „Alpenhandy", geriet das uralte Blasinstrument im 19. Jh. fast in Vergessenheit. Seit Traditionen wieder hoch im Kurs stehen, haben Vereine und Festveranstaltungen das Alphornblasen wiederbelebt. Beim Festival im Kleinwalsertal klingt die Musik besonders meditativ.

Alphornfestival: Kleinwalsertal, alle zwei Jahre (gerade Zahlen) Anf. Sept., www.kleinwalsertal.com

10 Allgäuer Rave

Ob die Veranstalter sich das so vorgestellt haben, als sie 2015 zum ersten Mal an den Allgäu Airport in Memmingen luden? Damals kamen 16 000 Besucher, um Stars der Electro-Szene wie Robin Schulz und Felix Jaehn zu sehen; drei Jahre später tanzten mehr als doppelt so viele Raver drei Tage lang zu den Beats von über sechzig internationalen Electro-Acts, darunter Ikonen wie Nina Kraviz. In Rekordzeit hat sich das Ikarus als eines der wichtigsten Electro- und House-Events etabliert.

Ikarus-Festival: Memmingerberg, Anf. Juni, http://ikarus-festival.de

Nachtquartiere: Zelt mit Blick auf die Nagelfluhkette; Wohnmobil vor Neuschwanstein-Kulisse; Hotel Prinz-Luitpold-Bad in Bad Hindelang

Service

Praktische Informationen für Ihre Reise ins Allgäu und für einen rundum gelungenen Aufenthalt finden Sie hier kompakt zusammengestellt, von A bis Z.

Anreise

Auto: Die Autobahn A 96 München–Lindau erschließt das nördliche Allgäu; die A 7 führt von Ulm über Kempten und Nesselwang nach Füssen. Gut ausgebaute Bundesstraßen verbinden die großen Städte und Gemeinden. Rechnen Sie mit Wildwechsel, vor allem nachts!
Bahn: Lokale Bahnverbindungen existieren ab München, Augsburg, Ulm und Lindau mit diversen Umsteigepunkten. Direkt erreicht man z. B. Oberstdorf ab München mit der Länderbahn alex (www.laenderbahn.com), ab Augsburg mit dem Intercity (www.bahn.de).
Bus: Fernbusse, z. B. von Flixbus (www.flixbus.de) fahren die meisten Orte im Allgäu nur mit Umsteigen an, z. B. ab München oder Augsburg. Nach Memmingen gibt es auch Direktverbindungen.
Flugzeug: Der Allgäu Airport bei Memmingen wird nicht von deutschen, österreichischen oder Schweizer Städten aus angeflogen. Nächstgelegene Flughäfen sind München (www.munich-airport.de) und Friedrichshafen (www.bodensee-airport.eu).

Auskunft

Auskunftsstelle für das gesamte Allgäu ist die **Allgäu GmbH** (www.allgaeu.de), die in ihrem Internetauftritt verschiedene Aspekte von Unterkunft über Brauchtum bis hin zu wirtschaftlichen Standortfaktoren thematisiert. Links führen zu den lokalen Tourismusverbänden. Überregional präsentieren folgende Verbände ihr Angebot, einige mit Büro vor Ort, andere nur im Internet:

Tourismusverband Allgäu-Bayerisch Schwaben: Tel. 0821 4 50 40 10, www.allgaeu-bayerisch-schwaben.de
Landkreis Oberallgäu: www.oberallgaeu.de
Landkreis Unterallgäu: www.tourismus-unterallgaeu.de
Westallgäu Tourismus: Museumsplatz 1, 88161 Lindenberg, Tel. 08382 27 04 33, www.westallgaeu.de
Tourismusverband Ostallgäu: Schwabenstr. 11, 87616 Marktoberdorf, Tel. 08342 91 15 06, www.schlosspark.de
Kleinwalsertal Tourismus: Walserstr. 264, A-6992 Hirschegg, Tel. +43 5517 5 11 40, www.kleinwalsertal.com

Essen und Trinken

Den hungrigen Gast erwartet eine große Bandbreite auch internationaler Angebote; mancherorts scheinen indische, vietnamesische oder griechische Lokale die **traditionellen Allgäuer Gastwirtschaften** fast völlig aus der Altstadt verdrängt zu haben. Einige gutbürgerliche Gasthöfe mit rustikalen Speisen von Kässpätzle bis Schweinebraten finden sich dann aber doch – nicht nur in ländlichen Regionen, wo das Wirtshaus nach wie vor wie die Kirche zum Ortsbild gehört. Kulinarische Offenbarungen erwarten den Wanderer auf vielen der **bewirtschafteten Alpen.** Da gibt es eigenen Käse und Speck, mit Kräutern gewürzte Suppen oder Eintöpfe und sogar vegetarische Gaumenfreuden. Die Zahl **anspruchsvoller Restaurants,** in denen traditionelle Rezepte neu interpretiert werden, steigt stetig; viele sind hochpreisigen Wellnesshotels angeschlossen.

Ausgewählte Restaurantadressen finden sich auf den Infoseiten der einzelnen Kapitel. Dabei gelten folgende Preiskategorien:

Preiskategorien

€€€€	3-Gänge-Menü	über 60 €
€€€	3-Gänge-Menü	40–60 €
€€	3-Gänge-Menü	25–40 €
€	3-Gänge-Menü	bis 25 €

Leicht ist die **traditionelle Allgäuer Küche** gewiss nicht. Käse, Teigwaren, Kraut und Speck bilden häufig die Basis der Gerichte. Doch stehen – modernen Kochkünstlern sei Dank – immer häufiger auch Light-Versionen auf den Speisekarten.
An den Anfang einer Mahlzeit hat der liebe Gott im Allgäu eine **Suppe** gesetzt. Meist eine Rinderkraftbrühe, gern verstärkt mit Leberspätzle. Gelegentlich findet eine Käsesuppe ihren Weg auf die Karte.
Bei den **Hauptgerichten** fällt auf, dass Fleisch eher rar ist. Allen voran sei hier *die* Allgäuer Spezialität genannt: **Kässpätzle** oder -spatzn, je nach Region. Handgeschabte bzw. durch einen speziellen Hobel oder eine Presse gedrückte Spätzle werden mit würzigem Käse (viele schwören auf einen Anteil Weißlacker) und Röstzwiebeln überbacken. Kommt statt Käse Sauerkraut dazu, sind es **Krautspatzen.** Oft

Radelspaß abseits vom Asphalt: Das Allgäu – hier im Oytal – ist ein Traumrevier für Mountainbiker.

landen Spätzle auch in einem **Linseneintopf.** In der Beliebtheit folgen **Krautkrapfen** oder Krutkrapfe: Nudelteig wird mit geröstetem Sauerkraut und geräuchertem Bauchspeck belegt, aufgerollt, in Scheiben geschnitten und in Schweineschmalz angebraten. Eine Variante wären g'schupfte Krutnudla, **Schupfnudeln** aus Kartoffelteig in geröstetem Kraut. **Maultaschen** aus Nudelteig werden mit fein gewürztem Kalbsbrät gefüllt (oft mit Spinat gemischt), gekocht und entweder in einer Kraftbrühe oder mit angebratenen Zwiebeln serviert. Unter den **Fleischgerichten** finden sich häufig Braten und Gulasch aus **Wild.** Wildschwein, Reh, auch Gams (Gemse) sind vor allem im Herbst beliebte Fleischlieferanten. Bei der Vielzahl an Rindern ist auch das Angebot an verschiedenen **Steaks** groß. Den österreichischen Nachbarn haben die Allgäuer den **Tafelspitz** entliehen – in der Brühe gekochtes Rindfleisch, das meist mit Röstkartoffeln und Meerrettich gegessen wird. Beliebt sind auch **Innereien,** etwa Saure Kutteln, die in Essig und Rotwein gesotten und mit Semmelknödel serviert werden. **Geflügel** wie Ente oder Gans gibt häufig den Festtagsbraten; auch **Süßwasserfisch** aus den Flüssen und Seen bereiten Allgäuer Köche schmackhaft zu.
Eine besondere Rolle kommt den **Würz- und Heilkräutern** zu, die auf den Wiesen und im Gemüsegarten gedeihen. Einige Allgäuer sind wahre Meister der Kräuterküche. Aber auch wenn „nur" traditionell mit Kräutern gekocht wird, schmeckt man die Vielfalt der Aromen.
Als einfache, schmackhafte Brotzeit nimmt **Käse** den ersten Rang ein. Er schmeckt auf jeder Alp anders und wird meist auf einem rustikalen Jausenbrett mit frischem Bauernbrot serviert. Manchmal gesellen sich selbst hergestellte Würste oder Geräuchertes dazu. Einige Alpen halten auch Ziegen; aromatischen Ziegenfrischkäse, angerührt mit frischen Kräutern, sollte man sich keinesfalls entgehen lassen. Verfeinerten Käsegenuss versprechen Käseveredler wie Jamei Laibspeis (s. S. 37).
Traditionell trinkt man zum Essen **Bier.** Das Allgäu ist Brauerland, und neben den alteingesessenen, meist mittelständischen Brauereien wie Meckatzer Löwenbräu oder Allgäuer Brauhaus versuchen immer mehr Craft-Beer-Spezialisten ihr Brauerglück. Doch auch Wein, u. a. von den Lagen am nahen Bodensee, ist in den meisten Restaurants erhältlich.

Feste, Bräuche, Konzerte

Im stark katholisch geprägten Allgäu spielen kirchliche Feste und Patronatstage eine wichtige Rolle im Jahreslauf. **St. Georg** wird als Schutzheiliger der Pferde besonders verehrt und Ende April mit Reiterprozessionen wie am Auerberg (s. S. 118) gefeiert. An **Johanni** am 23. Juni begrüßen nächtliche Feuer die Sommersonnwende (s. S. 119). Der 15. August, **Mariä Himmelfahrt,** ist ein hoher Tag für Frauen und Mädchen. Sie flechten Buschen aus Blumen und Kräutern, lassen sie in der Kirche weihen und hängen sie dann als Glücksbringer in der Stube auf. Der Dezember steht in vielen Oberallgäuer Dörfern im Zeichen des Klausentreibens. Den **hl. Nikolaus** begleiten am 5./6. Dezember furchterregend maskierte Gestalten, die vorwitzigen Passanten gern eins mit der Rute überziehen. **Fasnachtsbräuche** sind vor allem im schwäbisch-alemannischen Allgäu lebendig; bei den Umzügen laufen Maskierte mit handgeschnitzten Larven mit.
Ein Jahreshöhepunkt für die Alpbauern ist der **Viehscheid,** zu dem je nach Witterung zwischen Anfang und Ende September das mit Blumen und Bändern geschmückte Vieh von den Hochweiden hinunter ins Tal getrieben wird (Termine auf www.allgaeu-viehscheid.de).
Ein farbenfrohes Spektakel bieten die vielen **Historienfeste** wie das Tänzelfest in Kaufbeuren, zu dem sich Ende Juli die Altstadt mit mittelalterlichen Ständen, Handwerkern und Marketenderinnen füllt. Ähnliches passiert Anfang Juli beim Mindelheimer Frundsbergfest und eine Woche zuvor bei „Füssen in der Renaissance" (alle S. 118/119). Alle drei bis vier Jahre (wahrscheinlich wieder 2022) findet der **Historische Salzzug** von Immenstadt nach Simmerberg statt. Termine und Beschreibungen der Feste finden sich auf www.dein-allgaeu.de.
Meist **klassische Musik** erklingt im Sommer in Klöstern, Schlössern und auf Open-Air-Bühnen: Kloster Ottobeuren (www.ottobeuren.de), Kloster St. Mang in Füssen (www.stadt-fuessen.de/kaisersaalkonzerte.html), Schloss Kirchheim

Info

Daten & Fakten

Geografische Lage: Eine exakte Abgrenzung des Allgäus ist nicht möglich, da der Begriff weder politisch noch geografisch klar definiert ist. Im Allgemeinen versteht man darunter eine Region, die sich von der Grenze zu den österreichischen Nachbarn Vorarlberg und Tirol im Süden nach Westen bis fast zum Bodensee (Lindenberg), im Nordwesten ins südliche Baden-Württemberg (Leutkirch) und im Osten bis zum Bayerischen Oberland (Füssen) erstreckt. In der touristischen Vermarktung werden aber auch angrenzende Städte und Regionen, wie etwa Lindau im Bodensee oder Ravensburg, mit einbezogen.
Bevölkerung: Entsprechend schwankend sind Angaben zur Einwohnerzahl, die gemeinhin mit rund 700 000 angegeben wird. Die Bevölkerungsdichte weist erhebliche Unterschiede zwischen Stadt und Land auf und erreicht im Schnitt 141 Einw./km². Vorherrschende Religion ist der Katholizismus; in den Städten gibt es aber auch große protestantische Gemeinden. Nach dem Zweiten Weltkrieg nahm das Allgäu Vertriebene aus Böhmen und Schlesien auf. Rund 10 % der Menschen besitzen einen Migrationshintergrund. Die im Allgäu gesprochenen Dialekte unterteilen sich entlang der „Wiib-Weib-Linie" in den alemannisch geprägten Süden und Westen (südliches Oberallgäu, Westallgäu) und das schwäbisch gefärbte nördliche Oberallgäu sowie Unter- und Ostallgäu.
Wirtschaft: Eine herausragende Rolle spielt der Tourismus mit etwa 3,4–4 Mio. Gästen im Jahr und einem Beitrag zum Bruttosozialprodukt von 10 %. Neben der Landwirtschaft und hier besonders der Milchwirtschaft tragen auch Maschinen- und Fahrzeugbau sowie das Handwerk dazu bei. Große Bedeutung als Drehkreuz kommt dem Allgäu Airport bei Memmingen zu.
Naturraum: Wohl jeder empfindet die Allgäuer Alpen als charakteristisch für die Region. Die zur Hälfte auf österreichischem Territorium verlaufende Gebirgskette zeichnet sich durch große Formenvielfalt aus, man denke nur an die Grasberge und den Naturpark Nagelfluhkette. Reizvoll ist aber auch die Voralpenlandschaft zwischen Lech und Bodensee mit ihrem sanften Hügelrelief.

So schmeckt's im Allgäu: Seelen, Kaiserschmarrn, gebackener Ziegenkäse mit Kräutern.

(www.fuggerschlosskonzerte.com) und Schloss Immenstadt (www.schloss-immenstadt.de) sind nur einige der reizvollen Veranstaltungsorte (Überblick auf www.klassikkalender.de).

Ende April bis Anfang Mai bringt der **Kemptener Jazzfrühling** die malerische Altstadt zum Grooven (www.klecks.de/jazzfruehling). Hip-Hop-Fans toben sich beim alljährlichen **Highmatland Festival** bei Leutkirch aus (www.highmatland.de). Und alles was heute als „Indie" bezeichnet wird, bringt **Ikarus** auf dem ehemaligen Militärflugplatz bei Memmingen auf die Bühnen (s. S. 119).

Freizeitpark

Von der Autobahn A 96, östlich von Mindelheim, ist er nicht zu übersehen: Der **Allgäu Skyline Park** gilt als größter Freizeitpark in Bayern und unterhält mit Sky Jump, Wildwasserbahn, Sky Drugster und vielen anderen Bahnen, Sprung- und Rutschanlagen Besucher jeden Alters (Skyline-Park-Str. 1, 86871 Rammingen, www.skylinepark.de; in Schulferien und im Sommer tgl., sonst März– Anf. Nov. nur an den Wochenenden, Kernzeit 9.30–17.00 Uhr, genaue Zeiten auf der Website oder unter Tel. 08245 9 66 90).

Gesundheit

Besondere Gesundheitsrisiken bestehen nicht; einzig die Gefahr eines **Zeckenbisses** und der evtl. damit verbundenen FSME-Infektion sollte man beim Wandern oder anderen Aktivitäten im Freien nicht unterschätzen. Das Allgäu zählt zu den Risikogebieten. Vor allem Kinder sind gefährdet, weil sie viel im Freien toben. Eine FSME-Impfung kann gegen die tückischen Folgen eines Bisses schützen.

In größeren Höhen ist guter **Sonnenschutz** unabdingbar, auch wenn das Wetter zunächst trüb erscheint.

Kinder

Berge, Seen, Alpen und Bauernhöfe fügen sich zum perfekten Rahmen für den Familienurlaub. An kindgerechten Aktivitäten herrscht kein Mangel, egal ob die Sprösslinge gern wandern oder radeln, lieber beim Melken helfen, Schäfchen streicheln oder in einen der vielen Seen hüpfen möchten. Mit kleinen Kindern mieten Sie sich am besten in einem **Ferienbauernhof** ein; Vorschläge und Beschreibungen finden sich auf www.allgaeu.de.

Größere Kinder sind auch bei spannenderen Aktivitäten gut dabei. Eine **Sommerrodelbahn** wie am Alpspitz (s. S. 103), ein leichter **Klettersteig** oder aber **Hochseilparks** sind beliebte Ausflugsziele.

Im Winter heißt es im Oberallgäu zuverlässig „Ski, Snowboard und Rodel gut". Auch an leichte Abfahrten für Anfänger ist gedacht.

Ein besonderes Abenteuer für die ganze Familie versprechen die Wandertouren des **Lama-Erlebnishofs** bei Nesselwang. Von der einstündigen Wanderung für kleine Kinder bis zur Ganztagestour ziehen die Teilnehmer und ein Llamero (Lamaführer) mit den geduldigen Tieren durchs Allgäuer Voralpenland (Daniel Frick, Gschwend 12, 87484 Nesselwang, Tel. 08361 6 43, www.nesselwang-lamas.de; nur nach telefonischer Voranmeldung).

Info

Geschichte

10 000 v. Chr.: Älteste Spuren steinzeitlicher Jäger und Sammler.
Um 500 v. Chr.: Einwanderung keltischer Volksgruppen; ca. 50 v. Chr. Gründung der Siedlung Kambodunon, des heutigen Kempten.
15 v. Chr.: Die Söhne des römischen Kaisers Augustus, Drusius und Tiberius, erobern die Gebiete nördlich der Alpen; Cambodunum wird nun römisch benannt.
Ab dem 3. Jh.: Einwanderung der Alemannen; im 6. Jh. Rückzug Roms.
7.–10. Jh.: Kloster- und Stadtgründungen unter fränkischer Oberhoheit, viele ausgehend vom Kloster St. Gallen.
915–1308: Herzogtum Schwaben unter welfischer und später staufischer Oberhoheit.
13.–16. Jh.: Wirtschaftliche Blüte durch Handwerk (Leinenweberei) und Fernhandel.
Ab 1525: Der Bauernaufstand gegen die Herrschaft von Fürsten, Klöstern und freien Reichsstädten endet mit einer verlustreichen Niederlage; die Reformation findet vor allem in den Reichsstädten zahlreiche Anhänger.
1618–1648: Der Dreißigjährige Krieg verwüstet das Allgäu. Pestepidemie und wirtschaftlicher Niedergang.
17./18. Jh.: Wiederaufbau zahlreicher Klöster und Kirchen im Geiste des Barock.
1775: Prozess gegen Anna Schwegelin, die als letzte Hexe in Deutschland zum Tode verurteilt wird, aber 1781 im Gefängnis stirbt.
19. Jh.: Im Zuge der Säkularisation werden Klöster zwangsweise aufgegeben und verkauft.
1803–1810: Napoleon teilt das Allgäu auf; der größte Teil kommt zu Bayern, das nördliche Westallgäu um Wangen, Leutkirch und Isny fällt an Württemberg.
1827/28: Der Schweizer Johann Althaus begründet mit dem Allgäuer Emmentaler die Allgäuer Käsewirtschaft und damit den Umschwung vom Getreideanbau zur Viehhaltung.
Mitte 19. Jh.: Die Eisenbahnverbindung Kaufbeuren–Kempten und der Bau des Grüntenhauses fördern den Tourismus.
1869–1886: Schloss Neuschwanstein wird errichtet.
1886: Sebastian Kneipp publiziert in Wörishofen sein Buch „Meine Wasserkur". Aufstieg Wörishofens zum Kurort.
1945–1947: Bevölkerungszuwachs durch Heimatvertriebene aus Böhmen und Schlesien. Viele lassen sich in Neugablonz nieder.
1992: Gründung des Naturparks Allgäuer Hochalpen.
2003: Mit „Milchgeld" erscheint der erste Band der Autoren Michael Kobr und Volker Klüpfel um den Allgäuer Kriminalkommissar Kluftinger.
2007: Eröffnung des Allgäu Airports bei Memmingen.
2008: Gründung des Naturparks Nagelfluhkette.
2018: Ministerpräsident Markus Söder erteilt Plänen für eine Skischaukel am Riedberger Horn eine Absage.
2018: Ein Wolf hält die Allgäuer Alpbauern in Atem und reißt mehrere Kälber.

Literaturtipps

Empfehlenswerte Reiseführer sind **Allgäu** von Elke Homburg (DuMont Reisetaschenbuch, Ostfildern 2016) und der handliche **Marco Polo Reiseführer Allgäu** von Barbara Kettl-Römer (Ostfildern 2017). Unterhaltsame Reiselektüre bieten die **Kluftinger-Krimis** des Autorenduos Volker Klüpfel und Michael Kobr. Bisher sind zehn Bände erschienen (Verlage Piper und Ullstein). Wer sich für Landschaft und Geschichte interessiert, findet in **Die Adelegg, das dunkle Herz des Allgäus,** von Rudi Holzberger und Manfred Thierer interessante Informationen und schöne Anregungen für Wanderungen (Biberach 2009, www.rudi-holzberger.de). Zuletzt noch ein Filmtipp: Mit **Daheim sterben die Leut'** landeten die beiden Allgäuer Klaus Gietinger und Leo Hiemer 1985 einen Überraschungserfolg. Sie zeichnen darin ein liebevolles, teils skurriles Bild des ländlichen Alltags. Zum 30-jährigen Jubiläum kam 2015 die digitalisierte Fassung heraus (www.daheimsterbendieleut.de; erhältlich als DVD und Blue Ray).

Öffentlicher Verkehr

Das **Busnetz** ist gut ausgebaut und wird u. a. von den Unternehmen RVA (Ober- und Ostallgäu, www.rvo-bus.de), mona (Oberallgäu und Kempten, www.mona-allgaeu.de) und Regiobus Isny (Westallgäu, www.stadt.isny.de, www.bodo.de) betrieben. Einen Überblick über alle Verkehrsverbünde und -verbindungen in der Region gibt www.dein-allgaeu.de. Informationen und Fahrpläne sind auch bei den Tourist-Infos erhältlich. Verschiedene Tages- und Sondertickets gestalten das Tarifsystem übersichtlich und schließen zum Teil auch Bergbahnen ein.

Öffnungszeiten

Die meisten **Geschäfte** öffnen morgens zwischen 9.00 und 10.00 Uhr und bleiben bis 18.00 oder 19.00 Uhr geöffnet. Kleinere Läden legen häufig eine Mittagspause von 12.30 bis 13.30 Uhr ein. Samstags schließen viele Geschäfte bereits um 13.00 Uhr; nur große Supermärkte oder Shoppingcenter haben bis abends offen. An Sonn- und Feiertagen sind die Geschäfte geschlossen. Ausnahmen gelten für Läden mit Reisebedarf an den Bahnhöfen und Souvenirläden im Umfeld von Top-Sehenswürdigkeiten bzw. in stark touristisch geprägten Gemeinden wie Füssen.

Für **Banken** und **Postfilialen** gelten keine einheitlichen Öffnungszeiten. Kernzeiten sind Montag bis Freitag 8.30 bis 16.00 oder 17.00 Uhr; kleinere Filialen sind über Mittag häufig geschlossen. Postfilialen öffnen auch am Samstagvormittag.

Öffnungszeiten von **Museen, touristischen Attraktionen, Bergbahnen** etc. variieren meist mit der Jahreszeit. Es ist ratsam, sich vor dem Besuch im Internet oder bei der Tourist-Info über die aktuellen Zeiten zu informieren.

Reisezeit

Im Allgäu ist (fast) immer Saison. Die Region ist im späten Frühjahr, Sommer und Frühherbst das ideale Ziel für Urlauber, die wandern, radfahren oder anderen Aktivitäten nachgehen möchten. Im Frühjahr und Herbst kann es allerdings häufig und länger regnen, während die Hochwetterlage im Juli und August in der Regel recht stabil ist. Dank der Höhenlage bleiben zumindest im Oberallgäu die Temperaturen erträglich. Die Wintersaison beginnt oft schon Anfang, spätestens aber Ende Dezember und reicht bis Ende März/Anfang April. Wo nicht ausreichend Schnee fällt, wird mit Kunstbeschneiung nachgeholfen. Die Monate Juni bis August sowie die Feiertags- und Ferientermine im Winter lassen die Preise der Hotellerie in die Höhe schnellen. Auch Attraktionen wie Bergbahnen erhöhen ihre Tarife nach dem Ferienkalender.

Souvenirs

Neuschwanstein in der Schneekugel, Bierkrüge und T-Shirts mit dem Porträt des Kini, Seppelhüte und Lederhosen aus asiatischer Produktion – an pseudo-originalen Souvenirs herrscht vor allem um die Königsschlösser kein Mangel. Das traditionelle Handwerk ist im Allgäu vor allem durch **Holzschnitzereien** vertreten. Geschäfte mit größtenteils christlichen Bildhauerarbeiten finden sich in jedem größeren Ort. Tolle **moderne Holzwaren** kommen von der Firma Sirch in Böhen. Dazu zählen formschöne Stühle, Kinderräder und sogar Puppenstuben. Die Produkte sind leider nur online zu erwerben (www.sirch.de); eine kleine Auswahl verkauft außerdem der Laden Glücksbär in Memmingen (s. S. 80).

Im Ostrachtal (s. S. 64) wird die lange Tradition der Hammerschmieden noch von mehreren Werkstätten gepflegt. Dort bekommen Sie **handgeschmiedete Eisenpfannen** verschiedenster Größen, ein ideales Mitbringsel für Steakliebhaber.

Kunstvolle **Glasarbeiten** stellen noch einige Glasbläser in Schmidsfelden (s. S. 115) her.

In Deutschlands „Hauptstadt" des Modeschmucks, Neugablonz, können Sie **Schmuck** verschiedenster Designer erwerben, z. B. in der Erlebnisausstellung der Gablonzer Industrie (Neue Zeile 11, Kaufbeuren-Neugablonz; Mo. bis Fr. 9.30–12.00, Mo.–Do. auch 14.00–17.00 Uhr).

Sportausrüstung und -bekleidung bekommen Sie in den Allgäuer Fremdenverkehrsorten am Ende der jeweiligen Saison oft deutlich günstiger; es lohnt sich, in den Sportläden zu stöbern. Manche führen auch **Sportmode** von Allgäuer Designern wie etwa Adele Bergzauber (www.adele-bergzauber.de) – frech, funktional und nachhaltig im Allgäu produziert.

Außerdem sollten Sie **kulinarische Souvenirs** aus dem Allgäu mitnehmen: wunderbaren Honig und Käse, vielleicht sogar den furchtbar miefenden, aber ach so leckeren Weißlacker.

Sport

Wo, wenn nicht im Allgäu, können Sie nahezu allen Outdoorsportarten frönen? Das Angebot ist schier unbegrenzt. Die **Wanderwege, Klet-**

Bei Jamei Laibspeis in Kempten finden Käseliebhaber alles, was das Herz begehrt – aus dem Allgäu und der gesamten Alpenregion.

tersteige und **Bikerouten** sind vorbildlich markiert und gepflegt. An Führern, Kartenmaterial und Tourenbeschreibungen im Internet herrscht kein Mangel (z. B. www.allgaeu.de).
Die Tourismusverbände haben Wander- und Radrouten durch das Allgäu zu mehrtägigen Touren zusammengefasst und vermarkten dieses Angebot unter den Schlagworten „Wandertrilogie Allgäu" und „Radrunde Allgäu". Die **Wandertrilogie** umfasst drei Fernwanderungen unterschiedlicher Höhenlagen und Schwierigkeitsgrade, mit 342, 390 und 462 km Länge, die – in mehrere Etappen unterteilt – alle Schönheiten des Allgäus streifen. Die Routenbeschreibungen mit Unterkunftstipps und Höhenprofil stehen auf www.allgaeu.de.
Die **Radrunde Allgäu** ist ein vom ADFC mit vier Sternen qualifizierter Radfernweg über 450 km. Die Details und Beschreibungen finden sich ebenfalls auf www.allgaeu.de.
Auch für Extremsportarten wie **Canyoning, Gleitschirmfliegen, Klettern** bietet das Allgäu jede Menge Raum und Gelegenheiten. Besonders wichtig ist, dass hierbei auf Naturschutz und Nachhaltigkeit geachtet wird. Empfehlenswerte Veranstalter sind z. B. Purelements und Vogelfrei (beide s. S. 64.
Freunde des Grünen Sports finden im Allgäu eine Reihe gepflegter **Golfanlagen**. Einen Überblick über Plätze und sonstige Einrichtungen gibt www.golfparadies-allgaeu.com.

Für **Skilanglauf, Alpinski, Snowboarden und Skitouren** sind im Winter Pisten und Abfahrten gut präpariert. Das Allgäu besitzt mehrere kleine, aber durchaus anspruchsvolle Skigebiete. Tourengeher sollten unbedingt darauf achten, das im Winter ohnehin geschwächte Wild nicht durch Touren abseits der ausgewiesenen Wege aufzuscheuchen.

Unterkunft

Das Unterkunftsangebot im Allgäu ist riesig, wobei in erster Linie **Ferienwohnungen** für Selbstversorger angeboten werden. Eine gute Auswahl an **Hotels** der Drei- bis Fünf-Sterne-Kategorie findet sich vor allem in den großen Ferien- und Kurorten wie Bad Wörishofen, Bad Hindelang oder Oberstdorf. Häufig handelt es sich um komfortable Anlagen mit breitem Kur-, Aktivitäts- und Wellnessprogramm. Einige der luxuriösesten Herbergen präsentieren sich auf www.allgaeu-top-hotels.de. Einen Überblick über die gesamte Allgäuer Hotellandschaft mit interaktiver Karte und Links zu Buchungsmöglichkeiten finden Sie auf www.allgaeu.de.
Zahlreiche Bauernhöfe laden zu **Ferien auf dem Bauernhof** mit familien- und kindgerechten Aktivitäten oder aber zu **Wellness auf dem Bauernhof** (www.allgaeu-urlaubaufdem bauernhof.de).

Jugendherbergen des Deutschen Jugendherbergswerks gibt es nur in Memmingen und Oberstdorf (www.jugendherberge.de); dafür eröffnen ständig neue **Hostels,** vor allem in und um Füssen (z. B. http://oldkingshostel.de, http://hostelfuessen.com) oder Oberstdorf (www.oberstdorf-hostel.de, www.mountain-hostel.de). Leider liegen sie oft nicht zentral, sondern außerhalb der Orte, sodass man ohne eigenes Fahrzeug auf den nicht immer dicht getakteten öffentlichen Verkehr angewiesen ist.
Wer in einer **Berghütte** übernachten möchte, findet auf www.oberallgaeu.info (Aktivitäten/Sommer) einen Hüttenführer. Auch www.berg welten.com listet Hütten übersichtlich auf – bewirtschaftet oder für Selbstversorger.
Einen Überblick über Unterkünfte aller Art bieten Buchungsseiten wie www.booking.com. Ausgewählte Hoteladressen finden sich auch auf den Infoseiten der einzelnen Kapitel dieses Bandes. Dabei gelten folgende Preiskategorien:

Preiskategorien

€€€€	Doppelzimmer	über 200 €
€€€	Doppelzimmer	120–200 €
€€	Doppelzimmer	80–120 €
€	Doppelzimmer	bis 80 €

Die barocke St.-Coloman-Kirche bei Schwangau ist vor allem wegen ihrer Kulisse berühmt – im Hintergrund erhebt sich Schloss Neuschwanstein.

Register

Fette Ziffern verweisen auf Abbildungen

Impressum

1. Auflage 2019

Verlag: DuMont Reiseverlag, Postfach 3151, 73751 Ostfildern, Tel. 0711/4502-0, Fax 0711/4502-135, www.dumontreise.de
Geschäftsführer: Dr. Thomas Brinkmann, Dr. Stephanie Mair-Huydts
Programmleitung: Birgit Borowski
Redaktion: Elke Schäle-Schmitt
Text: Daniela Schetar-Köthe
Exklusiv-Fotografie: Sylvia Pollex, Thomas Rötting
Zusätzliches Bildmaterial: 5 u. + 81 o.: Shutterstock; 24 o., 41 o.: iStock; 59 r.: mauritius images/McPHOTO/Dr. Hermann Brehm; 76 o.: Shutterstock; 82/83: DuMont Bildarchiv/Katja Kreder; 118 o.: iStock; 73 r.: Dieter Kunerth Ödipus 11 © VG Bild-Kunst, Bonn 2018; 98 o.: Heiko Herrmann, Skulpturen © VG Bild-Kunst, Bonn 2018
Grafische Konzeption, Art Direktion: fpm factor product münchen
Layout: CYCLUS · Visuelle Kommunikation, Stuttgart
Cover Gestaltung: Neue Gestaltung, Berlin
Kartografie: © MAIRDUMONT GmbH & Co. KG, Ostfildern
Kartografie Lawall (Karten für „Unsere Favoriten")
DuMont Bildarchiv: Marco-Polo-Straße 1, 73760 Ostfildern, Tel. 0711/4502-266, Fax 0711/4502-1006 bildarchiv@mairdumont.com

Für die Richtigkeit der in diesem DuMont Bildatlas angegebenen Daten – Adressen, Öffnungszeiten, Telefonnummern usw. – kann der Verlag keine Garantie übernehmen. Nachdruck, auch auszugsweise, nur mit vorheriger Genehmigung des Verlages. Erscheinungsweise: monatlich.

Anzeigenvermarktung: MAIRDUMONT MEDIA, Tel. 0711/4502 0, Fax 0711/45021012, media@mairdumont.com, http://media.mairdumont.com
Vertrieb Zeitschriftenhandel: PARTNER Medienservices GmbH, Postfach 810420, 70521 Stuttgart, Tel. 0711/7252-212, Fax 0711/7252-320
Vertrieb Abonnement: Leserservice DuMont Bildatlas, Zenit Pressevertrieb GmbH, Postfach 810640, 70523 Stuttgart, Tel. 0711/7252-265, Fax 0711/7252-333, dumontreise@zenit-presse.de
Vertrieb Buchhandel und Einzelhefte: MAIRDUMONT GmbH & Co KG, Marco-Polo-Straße 1, 73760 Ostfildern, Tel. 0711/4502-0, Fax 0711/4502-340
Reproduktionen: PPP Pre Print Partner GmbH & Co. KG, Köln
Druck und buchbinderische Verarbeitung: NEEF + STUMME premium printing GmbH & Co. KG, Wittingen, Printed in Germany

FSC
www.fsc.org
MIX
Papier aus verantwortungsvollen Quellen
FSC® C001857

Vorschau

Schmale Pfade entlang der Levadas überziehen Madeira und bilden ein tolles Wegenetz.

Eine herrliche Dünenlandschaft begrenzt Polens feinsandige Ostseestrände.

Danzig Ostsee · Masuren

Altes Danzig, junges Gdansk
Im Bildatlas finden Sie beides: die schönsten Ansichten des historischen Stadtbildes ebenso wie die neuen Museen und Szenetreffs.

Ein Landschaftstraum ...
... ist der Slowinzische Nationalpark, erkunden Sie ihn mit uns per pedes.

Originell übernachten
Warum nicht mal in einem Baumhaus nächtigen, in einem Kräutergarten wohnen oder im Eisenbahnwagen des Zaren logieren?

Madeira

Bergauf, bergab
Madeira profitiert seit einigen Jahren von einem wahren Wanderhype, wir präsentieren die zehn spektakulärsten Touren.

Essen mit Aussicht
Aufgrund seiner Topografie bietet Madeira eine Vielzahl von herrlichen Aussichtsplätzen, an einigen gibt es tolle Restaurants.

Abtauchen auf Porto Santo
Ein traumhafter 9 km langer Sandstrand wartet auf Madeiras kleiner Nachbarinsel Porto Santo – aber hier gibt es noch weit mehr zu entdecken.

www.dumontreise.de

Lieferbare Ausgaben

DEUTSCHLAND
207 Allgäu
092 Altmühltal
105 Bayerischer Wald
180 Berlin
162 Bodensee
175 Chiemgau, Berchtesgadener Land
013 Dresden, Sächsische Schweiz
152 Eifel, Aachen
157 Elbe und Weser, Bremen
168 Franken
020 Frankfurt, Rhein-Main
112 Freiburg, Basel, Colmar
028 Hamburg
026 Hannover zwischen Harz und Heide
042 Harz
023 Leipzig, Halle, Magdeburg
131 Lüneburger Heide, Wendland
188 Mecklenburgische Seen
038 Mecklenburg-Vorpommern
033 Mosel
190 München
047 Münsterland
015 Nordseeküste Schleswig-Holstein
006 Oberbayern
161 Odenwald, Heidelberg
035 Osnabrücker Land, Emsland
002 Ostfriesland, Oldenburger Land
164 Ostseeküste Mecklenburg-Vorpommern
154 Ostseeküste Schleswig-Holstein
201 Pfalz
040 Rhein zw. Köln und Mainz
185 Rhön
186 Rügen, Usedom, Hiddensee
206 Ruhrgebiet
149 Saarland
182 Sachsen
081 Sachsen-Anhalt
117 Sauerland, Siegerland
159 Schwarzwald Norden
045 Schwarzwald Süden
018 Spreewald, Lausitz
008 Stuttgart, Schwäbische Alb
141 Sylt, Amrum, Föhr
204 Teutoburger Wald
170 Thüringen
037 Weserbergland
173 Wiesbaden, Rheingau

BENELUX
156 Amsterdam
011 Flandern, Brüssel
179 Niederlande

FRANKREICH
177 Bretagne
021 Côte d'Azur
032 Elsass
009 Frankreich Süden Okzitanien
019 Korsika
071 Normandie
001 Paris
198 Provence

GROSSBRITANNIEN/IRLAND
187 Irland
202 London
189 Schottland
030 Südengland

ITALIEN/MALTA/KROATIEN
181 Apulien, Kalabrien
017 Gardasee, Trentino
110 Golf von Neapel, Kampanien
163 Istrien, Kvarner Bucht
128 Italien, Norden
005 Kroatische Adriaküste
167 Malta
155 Oberitalienische Seen
158 Piemont, Turin
014 Rom
165 Sardinien
003 Sizilien
203 Südtirol
039 Toskana
091 Venedig, Venetien

GRIECHENLAND/ZYPERN/TÜRKEI
034 Istanbul
016 Kreta
176 Türkische Südküste, Antalya
148 Zypern

MITTEL- UND OSTEUROPA
104 Baltikum
208 Danzig, Ostsee, Masuren
169 Krakau, Breslau, Polen Süden
044 Prag
193 St. Petersburg

ÖSTERREICH/SCHWEIZ
192 Kärnten
004 Salzburger Land
196 Schweiz
144 Tirol
197 Wien

SPANIEN/PORTUGAL
043 Algarve
093 Andalusien
150 Barcelona
025 Gran Canaria, Fuerteventura, Lanzarote
172 Kanarische Inseln
199 Lissabon
209 Madeira
174 Mallorca
007 Spanien Norden, Jakobsweg
118 Teneriffa, La Palma, La Gomera , El Hierro

SKANDINAVIEN/NORDEUROPA
166 Dänemark
153 Hurtigruten
029 Island
200 Norwegen Norden
178 Norwegen Süden
151 Schweden Süden, Stockholm

LÄNDERÜBERGREIFENDE BÄNDE
123 Donau – Von der Quelle bis zur Mündung
112 Freiburg, Basel, Colmar

AUSSEREUROPÄISCHE ZIELE
183 Australien Osten, Sydney
109 Australien Süden, Westen
195 Costa Rica
024 Dubai, Abu Dhabi, VAE
160 Florida
036 Indien
205 Iran
027 Israel, Palästina
111 Kalifornien
031 Kanada Osten
191 Kanada Westen
171 Kuba
022 Namibia
194 Neuseeland
041 New York
184 Sri Lanka
048 Südafrika
012 Thailand
046 Vietnam